仕事のアンラーニング

UNLEARNING

働き方を学びほぐす

松尾 睦
MATSUO MAKOTO

同文舘出版

はじめに

昔のヒーロー

私は以前、営業担当者の成長プロセスについて研究していました。あるとき、知り合いの営業コンサルタントの方が「営業の世界には『昔のヒーロー』と呼ばれる人がいます」と教えてくれたことが印象に残っています。

その意味を聞いたところ「昔はトップセールスとして活躍していたけれども、今は鳴かず飛ばずの営業担当者」を指す言葉でした。

なぜトップセールスだった人が売れなくなってしまうのでしょうか。それは、昔は通用したけれども、今は通用しなくなった営業手法を使い続けているからです。「自分はこういう売り方でトップセールスになった」という考えから脱却できずに、時代遅れになった売り方に固執すると昔のヒーローになってしまうのです。

これに対し、トップセールスであり続けている人は、顧客の変化、競争相手の変化、社会の変化に応じて、時代に合わなくなった売り方を捨てて、時代にマッチした売り方を取り入れています。つまり、状況に応じて、少しずつ自分のスキルをアップデートし、入れ替えることこそ、高い業績を出し続けるポイントなのです。

得意技を捨てる

「プロフェッショナルになる」ためには、自分の型やスタイルを作り上げなければなりませんが、「プロフェッショナルであり続ける」ためには、確立した型やスタイルを壊し、新たな型やスタイルへと作り直すことが欠かせません。

ここで日本将棋連盟会長であった故・米長邦雄氏のエピソードを紹介します。[152] 米長氏は、多くのタイトルを獲得した熟練の棋士でしたが、四十代の半ばでスランプに陥ってしまいます。特に、二十代の若手棋士に勝てなくなってしまったそうです。

なぜ勝てないのかわからなかった米長氏が、二十代の弟子に相談したところ「先生と指すのは非常に楽です。先生は、この局面になったら、この形になったら、絶対逃さないという得意技、十八番をいくつも持っていますね。でも、こちらのほうも先生の十八番は全部調べて、対策を立てているんです。だから以前には通用しても、もう今は」という答えが返ってきました。[152] 勝てない理由がわかった米長氏は、自分の得意技を捨て、この弟子に弟子入りをし、新しい得意技を身につけました。その結果、王将、そして50歳にして名人のタイトルを奪取しました。

米長氏が、自分の得意技に固執していたとしたら「昔のヒーロー」になっていたところでしたが、通用しなくなった戦法を「捨て」、時代に合った新しい戦法を「取り入れた」ことで、棋士として成長し続けることができたのです。

成長に欠かせない「学びほぐし」

昔のヒーローや米長氏のエピソードからわかるように、あるレベルまで熟達した後の学習課題は、時代に合わなくなった知識やスキルを捨てつつ、新しい知識・スキルを取り込む「アンラーニング」です。

鶴見俊輔氏は、アンラーニングを「学びほぐし」と訳していますが[141]、硬直した知識・スキルを「ほぐし」て、新しく組み立て直すという意味で、絶妙な訳だといえるでしょう。私たちは、時代の変化とともに、身につけた自分の型を問い直し、解体して、組み替えることが求められているのです[55,118]。

ただし、このアンラーニングは、「熟達者」だけに求められるものではなく、「熟達者」になる過程においても必要となります。私が実施した自由記述調査では、次のような事例が報告されていました（事例①）。

「社会人になってから3年間は、自分が担当する業務において、アウトプットの完成度が8割くらいの段階まで取り組み、自分が納得してから上司に相談し、確認してもらうという仕事の進め方をしていました。

しかし、上司からの手戻りがあり時間がかかってしまうため、社会人4年目からは、アウトプットが2～3割の段階から頻繁に上司に相談・確認して仕事を進めるスタイルに変更しました。その結果、上司が求めるアウトプット・イメージから大きく外れることがなくなったため、手戻りや修正が少なくなり、成果を出すまでの時間が大幅に短縮されました」

この事例では、「完成度が8割になってから上司に相談する」という仕事の進め方を止めて、「完成度が2～3割の段階で上司と相談する」という方法に変更する形でアンラーニングをしていることがわかります。入社4年目という成長過程においても、小さなアンラーニングを積み重ねて、学びほぐしながら熟達しているのです。

ぬかるんだ道を歩むプロフェッショナル

しかし、この学びほぐしとしての自己変革は容易ではありません。なぜなら、自分の型やスタイルに留まるほうが、不安も少なく快適だからです。

組織研究者のドナルド・ショーンによれば、プロフェッショナルは2つのタイプに分けることができます。[122]

第一のタイプは、既存の理論やテクニックを活用しながら「**地質の硬い高地**」を走ろうとするプロフェッショナルです。要は、自分が身につけたノウハウや専門性に「あぐら」をかく人を指します。第二のタイプは、自分が持っている知識やスキルでは解決することが難しい「**ぬかるんだ低地**」を歩もうとする人で、常に新しい方法や解決策を探求し、取り込もうとするプロフェッショナルです。

心地よい安全地帯を選ぶ第一のプロフェッショナルは、自分のノウハウをあまり変えようとしませんが、ストレスの多い危険地帯を選ぶ第二のプロフェッショナルは、古くなったノウハウを捨て、新しいノウハウを獲得しながら活動します。

後者のタイプこそ、ショーンが「内省的実践家（reflective practitioner）」と呼ぶ真のプロフェッショナルであり、アンラーニングしながら働き方を変えていける人だといえます。

先ほど例を挙げた米長邦雄氏や若手社員も、従来の戦法や仕事の仕方を続けたほうが楽だったはずですが、あえて新しい戦法や仕事の進め方にチャレンジしているという点で、内省的実践家であるといえます。

経験学習の罠：コンピテンシー・トラップ

人の成長の大半は「経験からの学び」によって決まるといわれていますが[75]、気をつけなくてはいけないのは、経験から学んだことが「固定化」、「固着化」してしまうことです。

組織が成功経験にとらわれて、従来のビジネスモデルに固執し、環境に適応できなくなることを、バーバラ・レビットとジェームス・マーチは「**コンピテンシー・トラップ**（有能さの罠）」と呼んでいますが[56,73]、この問題は、個人にも起こります[49]。

つまり、過去の成功体験に縛られて、既存のノウハウに固執し、新しいノウハウを獲得できなくなるという現象です。冒頭で紹介した「昔のヒーロー」はその典型例だといえるでしょう。

ここで誤解しないでほしいのは、「成功を振り返り、そこから学びを引き出すこと」自体は人の成長をうながすという点です[82]。注意すべきことは、成功による学びの「固定化」、「固着化」です。時代や状況が変化しても、「成功を再現」し、さらによい仕事へと「成功を拡張」するためには、アンラーニングが必要になります。

この点について、本田技研工業の創業者・本田宗一郎氏は、次のように述べています。

「反省ということで、ぜひ付け加えておかなければならないことがある。それは、成功したときの反省である。

なぜ？なぜ？と反省することによって、一つの成功は、次の、より大きい成功につながるものなのである。

その反省を忘れると、折角の成功もそこで行き止まりとなってしまうというのが、私の過去の経験から学んだ信念である」[50]

この言葉からも、成功経験を深く振り返り、その成功をさらに発展させることが成長のポイントになるといえます。

図表0-1は、成功した後によく見られる3つのパターンを示したものです。成功後に、自身のノウハウが固定化してしまうと有能さの罠にはまってしまい、業績が低下してしまいます。これに対し、「なぜ成功できたのか」を理解し、自身のノウハウを改善すれば、別の状況でも成功を「再現」することができます。さらに、自分のノウハウを有効なものに入れ替えた場合には、業績がアップし、成功が「拡張」していくのです。

図表0-1　成功経験後の3パターン

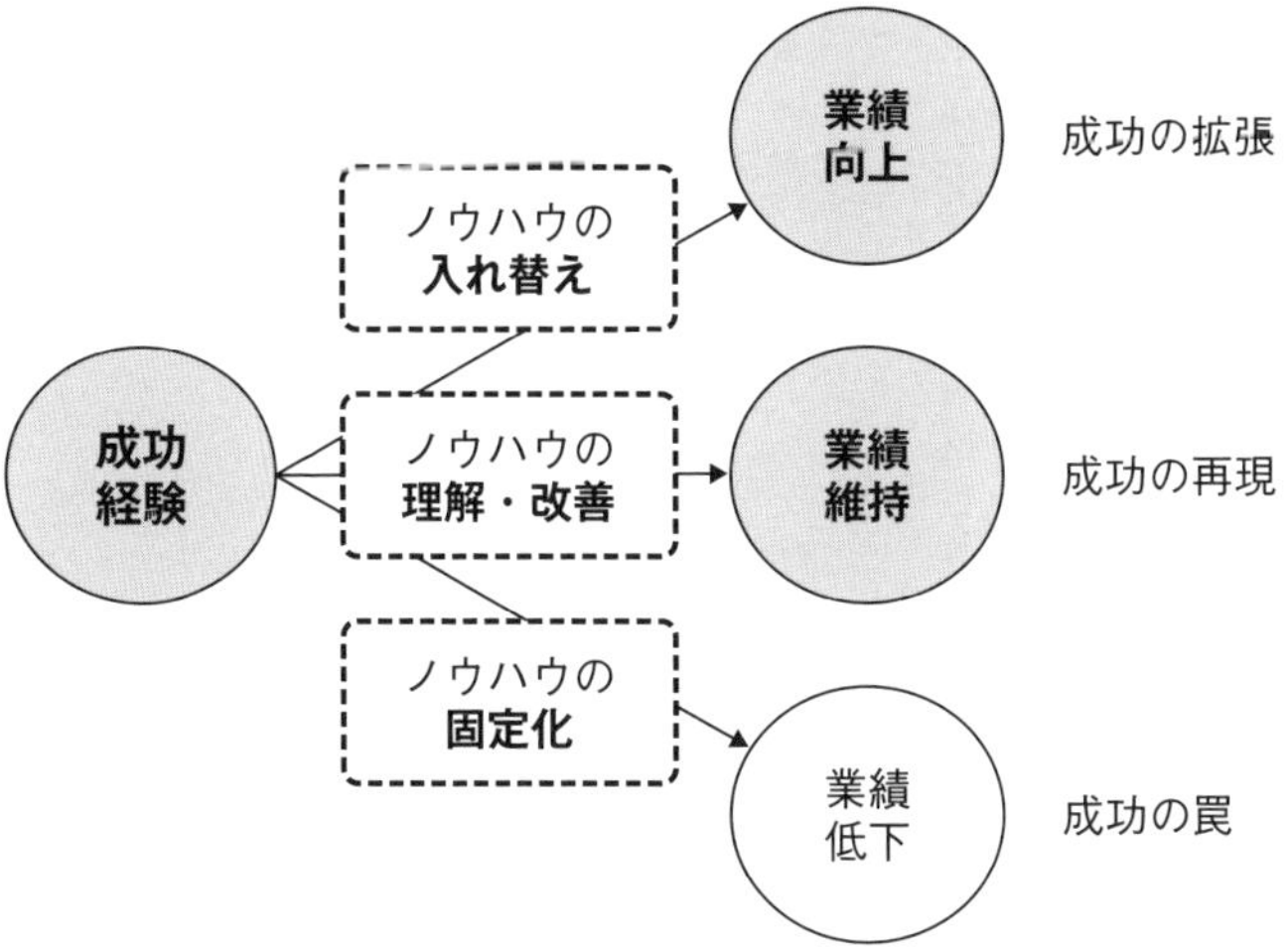

すなわち、コンピテンシー・トラップに陥らずに、経験から学び続けるためには、古くなった知識やスキルを捨て、新しい知識やスキルに入れ替える「アンラーニング」、すなわち「学びほぐし」が欠かせないといえます。

本書の問いと構成

従来の研究では、組織や集団のアンラーニングに焦点が当てられてきたため、個人のアンラーニング・プロセスは十分に解明されていないのが現状です。

そこで本書は、次の問いを検討します。

Q：職場で働く人は、どのようにアンラーニングし、成長しているのか

この問いを探求する上で、本書は、個人内部の要因と、個人を取り巻く状況要因に着目します。図表0-2は、本書の構成です。

第1部では、「アンラーニングとは何か」を説明した上で、自由記述調査をもとに「アンラーニングの全体像」を描写します。

第2部では、アンラーニングをうながす「個人要因」に光を当てます。具体的には、学びを重

視する目標志向である「学習志向」、出来事を振り返る「内省」、そして自己を変革するスキルが、アンラーニングをどのようにうながしているかに着目しました。

つまり、「どのような目標を大切にし」、「いかなる振り返りをし」、「どのような変革スキルを持っている」とアンラーニングできるようになるかを分析します。

第3部では、「上司行動」や「昇進」といった状況要因がアンラーニングに与える影響を分析します。

具体的には、直属の上司が革新的な働き方をしていることや、役員への昇進が、アンラーニングをどのようにうながすかに注目しました。

なお、本書は、私がこれまで行った学術研究のエッセンスをまとめたものです。本書の基となった論文リストは図表0-3に挙げておきました。

これに加えて、自由記述調査により、アンラーニングや働き方を変革した事例を収集・分析しました。これら

図表0-2　本書の構成

第1部　アンラーニングの**概観**

第1章　アンラーニングとは**何か**
第2章　アンラーニングの**全体像**

第2部　アンラーニングをうながす**個人要因**

第3章　アンラーニングをうながす**学習志向**と**内省**
第4章　アンラーニングをうながす**自己変革スキル**

第3部　アンラーニングをうながす**状況要因**

第5章　**上司行動**とアンラーニング
第6章　**昇進**とアンラーニング

終章　仕事の**アンラーニング・プロセス**

の事例は、各章で紹介しています。

本書の読み方（実務家の方へ）

本書が目指したのは「読みやすい研究書」です。執筆するに当たり、一般の方でも読めるように平易な表現を心がけましたが、実務家の方にとっては、3章から5章の「分析結果の説明」はやや「とっつきにくい」かもしれませんので「読み飛ばして」いただいて結構です。各章のはじめとおわりの部分、そして事例を中心に読んでいただければ十分に理解できると思います。

読み飛ばすのが嫌いな方は、まず「1章、2章、終章」を読んでください。そうすれば、本書の基本的なメッセージがわかるはずです。その後で「3～6章」を読んで細かい点を確認するという読み方をおすすめします。

それでは早速、本論に入りましょう。

図表0-3　初出一覧

本書の基となった論文リスト

第3章

Matsuo, M.（2018）Goal orientation, critical reflection, and unlearning: An individual-level study. *Human Resource Development Quarterly,* 29, 49-66.

Makoto, M.（2019）Critical reflection, unlearning, and engagement. *Management Learning,* 50, 4, 465-481

第4章

Matsuo, M.（2019）Personal growth initiative as a predictor of psychological empowerment: The mediating role of job crafting. *Human Resource Development Quarterly,* 30, 343-360.（論文のデータを再分析）

Matsuo, M.（2019）Empowerment through self-improvement skills: The role of learning goals and personal growth initiative. *Journal of Vocational Behavior,* 115, 103311. https://doi.org/10.1016/j.jvb.2019.05.008

第5章

Matsuo, M.（2020）Managers' exploration activities and individual unlearning: The mediating role of learning orientation and reflection. *International Journal of Human Resource Management,* 31, 5, 638-656.

第6章

Matsuo, M.（2019）The unlearning of managerial skills: A qualitative study of executive officers. *European Management Review,* 16, 303-315.

第2章 アンラーニングの全体像

第2部 アンラーニングをうながす個人要因

第3章 アンラーニングをうながす学習志向と内省

第5章　まとめ　112

第6章　昇進とアンラーニング

仕事のアンラーニング

——働き方を学びほぐす——

第1部
アンラーニングの概観

第1章 アンラーニングとは何か

成果をあげる者は、新しい活動を始める前に必ず古い活動を捨てる

［ピーター・ドラッカー］[28]

「計画的な廃棄」の大切さ

現代経営学の父と呼ばれるピーター・ドラッカーは、著書『経営者の条件』の中で「計画的な廃棄」の必要性について、次のように述べています。

「古いものの計画的な廃棄こそ、新しいものを強力に進める唯一の方法である。（中略）あらゆる計画や活動を定期的に審査し、有用性が証明されないものは廃棄するようにするならば、最も頑強な官僚組織においてさえ創造性は驚くほど刺激されていく[28]」

さらに、成功体験を捨てることの難しさについても指摘しています。

「完全な失敗を捨てることは難しくない。自然に消滅する。ところが昨日の成功は非生産的となったあとも生き続ける[28]」

この本の初版が出版されたのは1966年ですが、アンラーニングが学術的に研究されるようになる前から、コンピテンシー・トラップやアンラーニングの重要性を説いていた点には驚かされます。

身の回りの不要なものを捨てることを「断捨離」といいますが、立命館大学の髙橋潔先生は、アンラーニングを「知の断捨離」と呼んでいます。[133] モノだけでなく、仕事上の知識・スキルや働き方も断捨離しなければならないといえるでしょう。

「生き残る」ための組織アンラーニング

学術研究における「アンラーニング」の概念は、組織レベルの研究から生まれました。[4,12] 製品やサービスが売れて成功すると、組織はその成功体験にとらわれて変革することを止めてしまい、結果的に環境に適応できなくなる傾向にありますが、こうした事態を防ぐためにアンラーニングが必要になるといわれています。[107]

変化する環境に適応する上で、時代に合わなくなった経営手法を捨てる「アンラーニング」の重要性を、学術研究において初めて指摘したのはボー・ヘドバーグ[45]だといわれています。それまでは知識獲得しか注目されていなかった組織学習プロセスに「知識の棄却」という視点を盛り込んだのが彼なのです。[4]

「仕事を進める仕組み・手続き・方法」を「ルーティン」と呼びますが[51,104]、新しいルーティンを取り入れるために、古くなったルーティンを捨てる「組織アンラーニング」を実行できる組織だけが、激変する環境の中で生き残ることができます[53,138,139]。

例えば、社内の会議室に集まって会議することを減らし、リモートワークを取り入れて「オンライン会議」を増やすことは、ルーティンの変更に当たります。

もう少しスケールの大きい話をすると、富士フイルムは、かつての主力事業である写真フィルム事業にこだわることなく、デジタルカメラ、化粧品、医療分野へと事業を転換したことで、企業として成長し続けることができました[124]。

このとき、社内のルーティンは大きく変化したはずです。もし、同社が、写真フィルム事業に関するルーティンにこだわっていたとしたら、米国のコダック社のように経営破綻していたかもしれません[123]。

以下では、チーム・アンラーニングの研究を概観した後で、個人アンラーニングの考え方や事例を紹介します。

チーム・アンラーニング

チームレベルのアンラーニング研究

組織アンラーニングという概念は多くの関心を集め、アンラーニングが革新的な成果をもたらすことや業績を高めることが報告されています[16,71]。しかし、実証的な分析は限られており、研究の枠組みが確立されているとはいえない状況にあります[64,65]。

その一方、最近では、チームレベル、個人レベルのアンラーニングも研究されるようになってきました[3,8,47,52,56,66,68,102]。それは、組織アンラーニングはチームや個人によるアンラーニングがきっかけとなることが多く[45,139,154]、また、環境に適応しなければならないのはチームや個人も同じであるからです。

例えば、アリ・アクグンらは、チーム・アンラーニングを「チームにおける信念とルーティン（仕組み・手続き・方法）の変革」とした上で、新製品開発チームを調査したところ、市場や技術の環境変化が速く、チームが危機感や不安感を感じているほど、アンラーニングが進み、高い業績を上げていることを報告しています[3]。

さらに、レス・リーとバドリ・スココによる研究においても、「業務を内省する習慣」を持つ新製品開発チームほど、アンラーニングが進み、その結果、イノベーションが生まれたということが明らかにされています。[72]

以上の研究から、組織だけでなくチームにおいても、アンラーニングが革新性や業績の向上を促進する働きをしていることがわかります。

チーム・アンラーニングとは

ここでアクグンらがチーム・アンラーニングをどのように測定したかについて説明しておきます。

彼らは、チーム・アンラーニングを、チームにおける「信念」（「技術」、「市場」、「顧客ニーズ」についての信念）と「ルーティン」（「仕事の手続き」、「情報共有の仕組み」、「意思決定の仕組み」等）の変化によってとらえています。[3]

例えば、パソコンの開発チームであれば、メンバーは「パソコンの技術がどのくらい進んでいるのか（技術）」、「自分たちが開発したパソコンがどのくらいマーケットで受け入れられているのか（市場）」、「顧客はパソコンに対してどのようなニーズを持っているのか（顧客ニーズ）」という信念を共有すると同時に、チーム内には「パソコンを開発するための手法（仕事の手続き）」、「パソコンを開発する上で必要な情報システム（情報共有の仕組み）」、「パソコンの設計や仕様を決定する方法（意思決定の仕組み）」といったルーティンが存在するはずです。

アクグンらの尺度には「時代遅れとなった信念やルーティンを捨てる」という要素が明示的に含まれていませんが、「信念」や「ルーティン」が変化するときには、それ以前の信念やルーティンの一部が捨てられたり、使用されないケースが多いと考えられます。その意味では、**「アンラーニング＝信念・ルーティンの変化」**と定義することは、「時代遅れとなった信念やルーティンを捨てる」ことを暗に含んでいるといえます。

チーム・アンラーニングの例（事例②）

ここで私が実施した自由記述調査の中から、民間企業の人事部・採用チームにおけるアンラーニングの事例を紹介します。採用チームのメンバーだった方は次のように語っています。

「私たちの会社は、当時、少子化や売り手市場の状況が進み、従来の方法では、優秀な学生を採用できなくなるという状況に置かれました。

そこで、採用チームは、従来の「採用する側」という考え方を捨て、「選ばれる側」という考え方に転換したのです。

それまで人事部内だけで完結していた採用活動を止めて、他部署に協力体制を仰ぎ、現場社員を面接に参加させるなど、「社員一丸となって採用する」という考え方に変えました。

具体的には、経営層からのトップダウンで、採用活動への協力を他部門へ依頼してもらい、目線をそろえるための採用基準やマニュアルを構築しました。

さらに、現場の先輩社員40名を面接官として導入すると同時に、部長・支店長クラスに毎月進捗状況を報告するという形に採用プロセスを変更しました。

その結果、採用環境が厳しくなる中、人材の質・量が充実し、かつ最短実施期間で人材を採用できる力がつきました」

この採用チームは、新卒の労働市場や採用の技術についての「信念」を変更し、採用の手続き、情報共有、意思決定等の「ルーティン」を変更することで、アンラーニングを実践していることがわかります。

個人アンラーニングとは

個人アンラーニングの考え方

組織やチームがアンラーニングするときには、そこで働いている個人メンバーも、アンラーニングしなければなりません。[105] また、組織レベルのアンラーニングは、個人の行動がきっかけで引き起こされることが多いといわれています。[71]

しかし、個人レベルのアンラーニングに関する実証的な研究は始まったばかりであり[3,8,47,81,86,87]、個人アンラーニングのプロセスは十分に解明されているとはいえません。その意味でも、本書は個人のアンラーニングに注目した数少ない実証的な研究の1つであるといえます。

先行研究を踏まえ[7,47,139]、本書では、個人アンラーニングを次のように定義しました。

個人アンラーニング＝「個人が、自身の知識やスキルを意図的に棄却しながら、新しい知識・スキルを取り入れるプロセス」

なお、ここでいう知識とは「AはBである」というような事実についての知識を、スキルとは「あるタスクを実施するための技術や技能」を指すことにします。

そして、知識とスキルを合わせたものを、本書では「ノウハウ」と呼ぶことにします。すなわち、個人アンラーニングは、「ノウハウを入れ替える」ことを指します。

よくある疑問や誤解

アンラーニングという言葉を聞いたときによくある疑問や誤解が次の点です。

①アンラーニングとは、「たまたま忘れてしまった」忘却のことではないか?
②捨てられた知識やスキルは「消えてしまう」のか?
③アンラーニングは、知識やスキルを「捨てるだけ」なのか?

先ほどの定義によれば、次のように考えることができます。

①アンラーニングは、偶然ではなく「意図的なプロセス」です
②アンラーニングしても、知識・スキルは「消えてしまうのではありません」。知識やスキルを「使用停止」にするだけであり、必要があれば再度使うことができます
③アンラーニングするときには、古い知識・スキルを「捨てる」と同時に、新しい知識・スキルを「取り込む」ことが多いといえます

要は、記憶という脳の貯蔵庫にある知識やスキルのレパートリーのうち、有効ではなくなった

ものを「意図的」に「使用停止」にして、新しい知識やスキルを「取り込む」ことがアンラーニングなのです。

個人アンラーニングの内容

本書では、アクグンらが開発したチーム・アンラーニングの測定尺度を参考にして、「信念」と「ルーティン」の変化という観点から、図表1-1のような項目によって個人アンラーニングを測定しています。すなわち、「技術や業務」、「外部環境」、「顧客のニーズ」についての考え方や信念、および、「仕事の手続」、「情報収集や共有」、「意思決定」についての方法を、どの程度変えたかという質問によってアンラーニングを測定しました。

先ほど説明したように、図表1-1に示した信念やルーティンは、仕事を進めるために欠かせないものですから、これらを変更する際には、既存の知識・スキルの一部が棄却される（使用が停止される）と考えられます。

図表1-1　個人アンラーニングの測定項目

仕事の信念

- 技術や業務についての考え方や信念
- 外部環境についての考え方や信念
- 顧客のニーズについての考え方や信念

仕事のルーティン

- 仕事の手続きや方法
- 情報収集や共有の方法
- 意思決定のプロセスや方法

（大きく変えた⑤←→①全く変えていない）

ここで、ルーティンと信念について例示しておきましょう。

序章で紹介した入社4年目の社員の事例（事例①）を思い出してください。彼は、「完成度が8割になってから上司に相談する」という仕事の進め方を止めて、「完成度が2～3割の段階で上司と相談する」という方法に変更する形でアンラーニングをしていました。つまり、仕事の進め方である「ルーティン」を変えたのです。

その背景には、「できるだけ自分の責任で仕事をやりきるべき」という信念があったと思われますが、「早い段階から上司と協議しながら仕事を進めるべき」という信念に修正したといえます。

経験学習とアンラーニング

これまでアンラーニングとは何を意味するのかについて説明してきました。次に、人はどのようにアンラーニングするかを経験学習のモデルによって解説します。

人は経験から学ぶといわれていますが、アンラーニングが行われる場合と、行われない場合があります。

図表1-2は、デイビッド・コルブ[67]が提唱する経験学習サイクルを基に、経験学習とアンラーニングの関係を示したものです（概念名は、わかりやすいように修正しています）。

コルブによれば、人は、①具体的な経験をし、②その内容を内省し（振り返り）、③そこから何らかの教訓を引き出し、④その教訓を次の状況に応用することで学んでいます。

例えば、ある営業担当者が大きな案件を受注したとしましょう（経験）。この担当者は、なぜ受注できたのかを振り返り（内省）、「コストダウンを強調したこと」が成功要因であることがわかり（教訓）、そうした営業アプローチを別の顧客にも適用したとしたら（応用）、コルブのモデルに沿って経験から学んでいるといえます。

このサイクルにおいて、アンラーニングと関係が深いのは「教訓のステップ」です。

過去の教訓に執着し新しい教訓が得られないと、アンラーニングは行われません。もし、その教訓が時代遅れになっているとしたら「有能さの罠」に陥っているといえるでしょう。

先ほどの営業担当者の事例で考えると、環境の変化によって、顧客がコストダウンではなく、より高い機能や

図表1-2　経験学習サイクルとアンラーニング

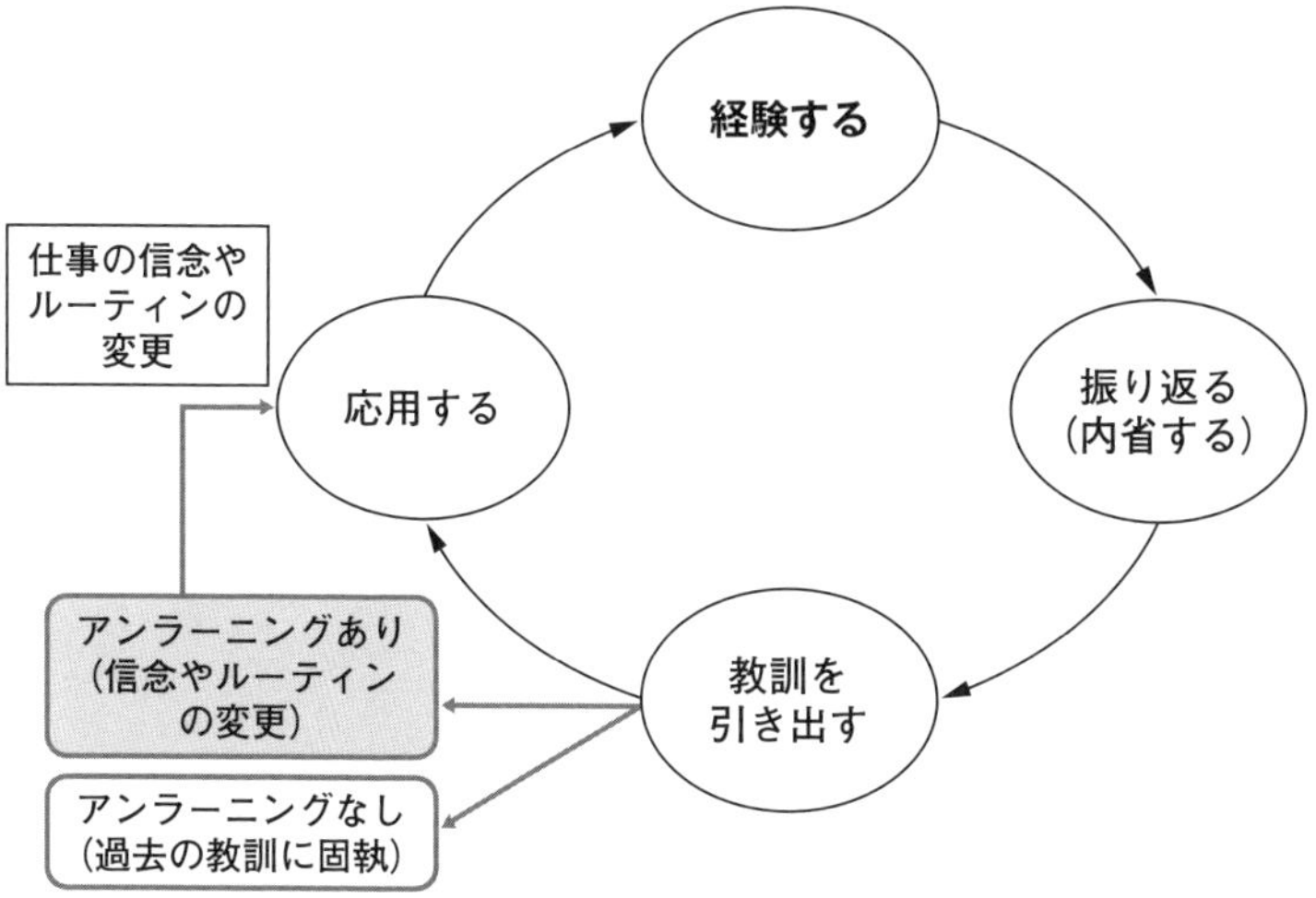

出所：Kolb（1984）を基に作成

利便性を重視するようになるかもしれないのです。

状況の変化に応じて、通用しなくなった教訓を捨て、新しく有益な教訓を得たとしたら、仕事の信念やルーティンが変更される「入れ替え学習」としてのアンラーニングが適切に行われているといえます。

つまり、アンラーニングを実施するためには、「適切な形で経験から学ぶ」必要があるのです。

では、適切な経験学習とは何でしょうか。経験学習には、次の4つのレベルが存在するといえます。

経験学習レベル0　そもそも、経験から教訓を引き出せていない
経験学習レベル1　過去の教訓に固執し、新しい教訓を引き出せない
経験学習レベル2　基本スタイル（信念・ルーティン）は変えずに、知識・スキル・テクニックについて教訓を引き出している
経験学習レベル3　教訓を引き出して、基本スタイルをアップデートしている

このうち、アンラーニングを実践するには、レベル2あるいはレベル3の経験学習が必要になります。

立命館大学の金井壽宏先生（神戸大学名誉教授）は、「人の成長は、漫然と漸進的にゆっくりと進むのではなく、ここぞというときに大きなジャンプがある」と述べています。[60] レベル3にある人は、大きなジャンプをする形で経験学習をしているといえるでしょう。

ただし、常にレベル3の学習を続けることは難しいので、通常は、レベル2の学習を行い、節目においてレベル3の学習を実践する形になるのが自然です。

なぜアンラーニングが重要なのか

ここで改めて、なぜアンラーニングが重要であるかについて考えてみましょう。

一言でいえば「アンラーニングをしないと、成長が止まってしまう」からです。

自分なりの仕事のスタイルや型を作り上げていく過程において、また、仕事のスタイルや型ができ上がった後にも、環境の変化に合わせて、仕事の進め方や考え方を「入れ替えて」いかなければなりません。

「はじめに」で紹介した「昔のヒーロー」は、アンラーニングをおろそかにし、成長が止まってしまった典型例だといえるでしょう。

これに対し、トップ営業マンとして活躍し続ける人は、お客さんのニーズの変化、競争相手の売り方の変化、技術の変化に応じて、自分の売り方を常に「アップデート」しています。

個人アンラーニングの事例

今までの説明で、個人アンラーニングの「概要」については理解できたのではないでしょうか。ここで、個人アンラーニングのイメージを持ってもらうために、事例を3つほど紹介します。

事例③「専門依存からの脱却」

ある広告会社の社員は、24年間、コピーライターとして広告制作の現場で働いた後、広告制作をマネジメントする部署に異動しました。

「それまでは、コピーライターとしての専門性に基づいた仕事をしていましたが、新しい部署では、そうしたやり方が全く通用しませんでした。

そこで、自分の専門性に頼ることを止めて、周囲のメンバーとのコミュニケーション量を増やし、仕事の仕方を教えてもらい、周囲をサポートしつつ組織の成果を出す仕事の進め方に変更しました。

その結果、閉じていたモノの見方が変わり、「より視座の高い見方」や「マーケティング領域での知見」を得ることができ、自分自身の視界が開けた気がしました」

このケースは、異動をきっかけに「技術や業務についての考え方や信念」や「仕事の手続きや方法」を学びほぐした例だといえるでしょう。

事例④「自己完結からネットワークへ」

次のケースは、民間企業の人事部で働いている人の報告です。

「以前は、担当業務に関する情報や法令を把握するために、自主的に外部研修に参加したり、書籍を読んでいました。

しかし、担当する責任範囲が広がったため、各業務について深く習得する時間が持てず、従来の方法では対応できなくなったのです。

そこで、研修や書籍を通して情報収集する方法を止めて、「各情報に詳しい専門家や同業他社の担当者との関係を構築することで、必要なときに相談する」という働き方に変えました。

その結果、幅広い業務に対して、より付加価値の高いサービスを提供できるようになりました」

この事例を見ると、業務の広がりをきっかけに「情報収集や共有の方法」や「仕事の手続きや方法」をアンラーニングしていることがわかります。

事例⑤「固定的な仕事観から患者中心へ」

最後のケースは、病院の看護部に勤務するマネジャーの例です。

「私は、「看護ケアとはこうあるべし」という確固たる「看護観」を持っていて、この看護観に基づいて仕事をし、それを部下に伝えていくことが必要だと考えていました。

しかし、ある看護管理研修に参加し、そこで親しくなったグループメンバーと看護管理についてディスカッションしたことがきっかけで、自分の看護観に疑問を持つようになりました。

具体的には、「患者満足を軸に自身の看護をとらえ直し、組織目標の観点からも物事を判断する」ように変えて、部下にもそれを発信するようにしたのです。

その結果、部下から「患者さんにとってどうなのかという視点で考えよう」という発言が多くなるという変化があり、職場が活性化しました」

このケースは、研修をきっかけに「顧客のニーズについての考え方や信念」、「意思決定のプロセスや方法」を学びほぐした例だといえるでしょう。

以上3つの事例を見ると、「部門の異動」、「業務の変更」、「研修」ときっかけは異なりますが、仕事の信念（技術・業務・外部環境に関する信念）や、仕事のルーティン（手続き・情報収集・意思決定の方法）を変更し、入れ替えていることがわかります。これが「学びほぐし」としてのアンラーニングです。

ただし、常に「信念」と「ルーティン」をセットでアップデートする必要はありません。経験からの学びに応じて、「信念」あるいは「ルーティン」のどちらかをアンラーニングするケースも多いといえます。

個人アンラーニングと学習のタイプ

アンラーニングと学習の関係

ここまでの説明を聞いて、「アンラーニングとは、結局のところ「学習」と同じなのではないか」と思われる方もいるかもしれません。しかし、本書では、両者は同義ではないと考えます。

デイビッド・コルブ[67]は、学習を「経験を通して知識が作り出される過程」と定義していますが、ある経験をしたときに、その人の中で知識が変化するパターンにはいくつかのタイプがあると思われます。

図表1-3は、学習のタイプを、知識・スキルの獲得「あり・なし」と知識・スキルの棄却「あり・なし」の観点から4つのタイプに分けたものです。これら4タイプの学習イメージを図式化すると図表1-4のようになります。

左上のタイプは、新しい知識・スキルを獲得しておらず、また棄却もしないことから「現状維持型」学習と名づけることにします。昔のヒーローのように、有能さの罠にはまってしまった人は、自分の知識・スキルが最善であると思いこんでいるため、このタイプの学習に該当します。特定の考え方や行動をとり続けることは、一種の「過剰学習」なのです。

右上のタイプは、新しい知識・スキルを獲得しますが、棄却はしない「ため込み型」学習です。ここに当てはまる人は、仕事の信念やルーティンの大枠は変えずに固定し、その範囲内で、さまざまなテクニックや情報を入手していると考えられます。

これら2タイプの学習は、知識・スキルを棄却していないことから、ア

図表1-3　学習の類型

<table>
<tr><td colspan="2" rowspan="2"></td><td colspan="2">知識・スキルの**獲得**</td></tr>
<tr><td>なし</td><td>あり</td></tr>
<tr><td rowspan="2">知識・スキルの**棄却**</td><td>なし</td><td>現状維持型</td><td>ため込み型</td></tr>
<tr><td>あり</td><td>縮小型</td><td>アップデート型
（入れ替え型）</td></tr>
</table>

↑本書におけるアンラーニング

ンラーニングとはいえません。

一方、左下のタイプは、新しい知識・スキルは獲得していませんが、既存の知識・スキルを棄却しているので「縮小型」学習といえます。例えば、A・B・Cというスキルを持っていたけれども、Cの有効性が低いことがわかったので棄却するというケースが考えられます。ただし、常に縮小型の学習をしていると活用できる知識・スキルがなくなってしまいますので、これは一時的なアンラーニングであるといえます。

右下のタイプは、本書で考えるアンラーニングに該当します。すなわち、新しい知識・スキルを獲得するとともに、既存の知識・スキルを棄却する「アップデート型」、つまり「入れ替え型」の学習です。

新しい知識を探索的に獲得することで、既存の知識が棄却されることは実証研究においても示されています。[102]

図表1-4　4つの学習タイプ（イメージ）

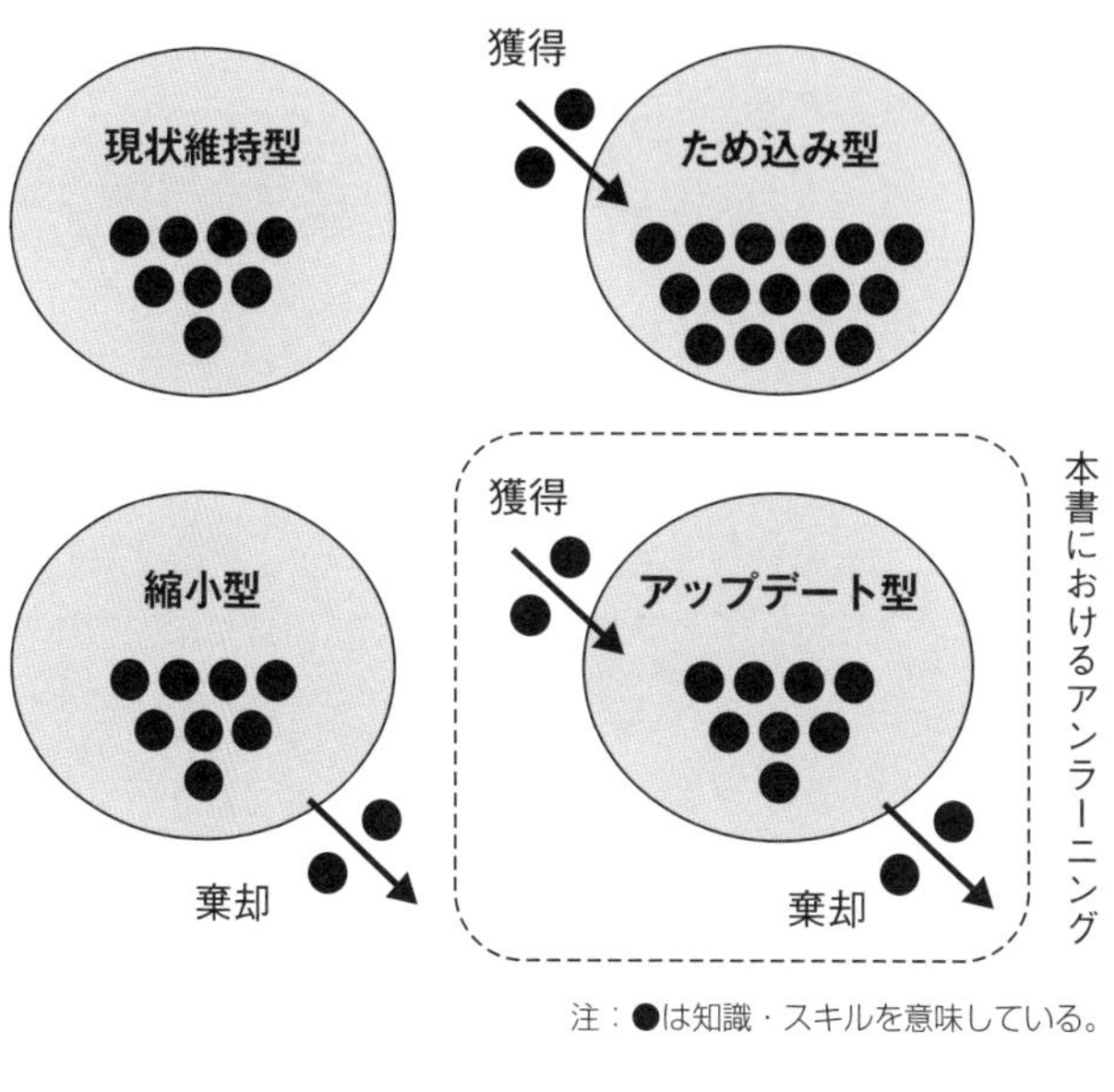

注：●は知識・スキルを意味している。

中核的アンラーニングと表層的アンラーニング

ここで注意しなければならないことは、アンラーニングには、基盤となる仕事の考え方や進め方を変える「中核的アンラーニング」と、基盤となる仕事の考え方や進め方は変えずに、道具的な知識、スキル、テクニックのみを入れ替える「表層的アンラーニング」があるということです（図表1-5）。

この中核的アンラーニングのことをドナルド・ヒスロップら[47]は、「ディープ・アンラーニング」と呼んでいます。この「ディープ（深い）」という言葉には、自分の中で「当たり前」となっているスタイルや前提を変更する「高次（高いレベル）の学習[90]」という意味が込められています。

先ほど示した経験学習のレベルのうち、基本スタイル（信念・ルーティン）は変えずに、知識・スキル・テクニックについて教訓を引き出している「経験学習レベル2」は、表層的アンラーニングに当たります。これに対し、教訓を引き出して、基本スタイルをアップデートしている「経験学習レベ

図表1-5　アンラーニングのレベル

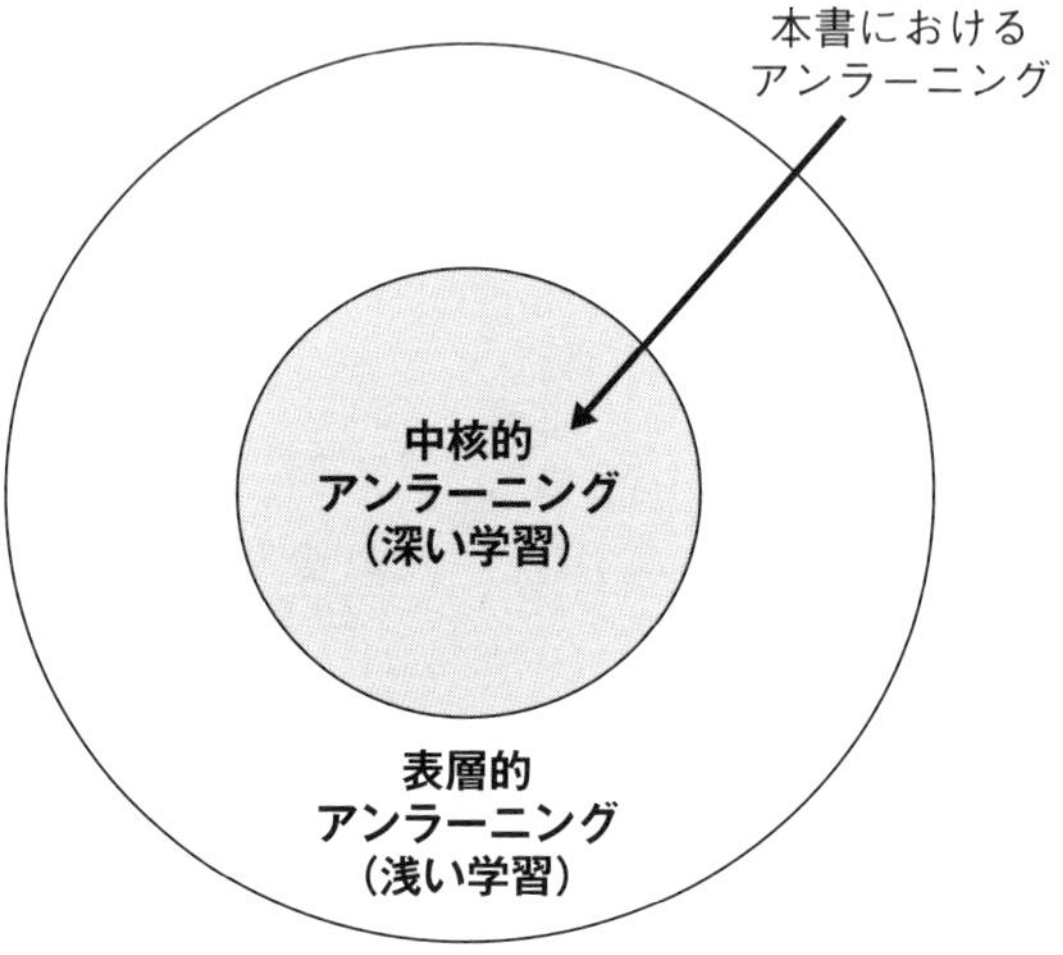

ル3」は中核的アンラーニングです。

先ほど紹介した3つの事例は、「自分の専門性をベースにした仕事の進め方から、周囲と協力しながら業務を遂行するスタイルへの変更」、「書籍・研修を通して自分で情報収集するやり方から、専門家とのネットワークを構築して情報を収集する方法への変更」、「独自の看護観をほぐし、患者中心で組織目標も考えた意思決定スタイルへの変更」というように、基盤となる仕事の考え方や進め方を変えていることから、いずれも「中核的アンラーニング」だといえます。

これに対し、基本的な仕事の進め方や信念は変えずに、使用していたソフトウェアを変えたり、業務上の細かい手順を変更したケースは「表層的アンラーニング」に当たります。

このタイプのアンラーニングは、仕事の道具箱に入っているツールを入れ替えることに例えることができます。

本書は、「仕事の信念やルーティンの変更」の観点からアンラーニングをとらえていますので、「中核的アンラーニング」に焦点を当てています。

アンラーニングの呼び方

なお、本書では、アンラーニングを以下のように言い換えることがありますが、ほぼ同じ意味で使用しております。

「アンラーニング」＝「信念・ルーティンの変更」
＝「アップデート型の学習」＝「入れ替え型の学習」
＝「学びほぐし」

すなわち、アンラーニングは、有効ではなくなった信念・ルーティンを変更し、有用な信念・ルーティンを新たに獲得する「アップデート型（入れ替え型）」の学習、つまり「学びほぐし」の学習としてとらえることができます。

まだわかっていないこと（研究課題）

本章では、アンラーニングとは何かについて解説しました。過去の世界にしがみつくことなく、学び続けるためにも、アンラーニングは欠かせません。

しかし、個人アンラーニングの研究は始まったばかりであり、わかっていないことも多々あります。アンラーニング研究においてどのような課題があるかを、ここで簡単に説明しておきます。

①どのようにすれば「深い振り返り」が可能になるのか？

自分の中で「当たり前」となっているスタイルや前提を変更するためには、批判的内省[92]と呼ばれる、深い内省が必要になるといわれています。しかし、意識しづらい自分の型やスタイルの問題に気づき、中核的で深いアンラーニング[47]を実施することは「至難の業《わざ》」だといえます。そうした深い振り返りのプロセスは十分には明らかになっていません。

②アンラーニングにはどのようなスキルが必要なのか？

中核的アンラーニングのために、内省（振り返り）や批判的内省（深い振り返り）が重要な働きをすることは指摘されていますが、具体的にどのようなステップを踏み、どのような方法を用いてアンラーニングすべきかについては示されていません。つまり、アンラーニングのプロセスを「スキル面」からとらえるアプローチが求められています。

③アンラーニングは国の文化によって異なるのか？

日本人は、リフレクション（reflection）を「反省」と訳すほど、問題や失敗を振り返ることを重視する国民です。これに対し、米国は、人間のポジティブな側面を見ようとする文化があるように思えます。アンラーニングのプロセスにも国の文化が影響している可能性がありますが、この点については検討されていません。

④上司の行動は部下のアンラーニングにどのような影響を与えるのか？

これまでの研究では、上司による内省支援が、中途採用者のアンラーニングをうながしていたという報告がある一方で、[99,100]上司のサポートが部下のアンラーニングに影響していなかったという研究もあり、[52]一貫した結果が得られていません。上司のどのような行動が部下のアンラーニングをうながすかを解明する必要があるといえます。

⑤経営幹部は何をアンラーニングすべきなのか？

管理的な仕事が増えることで、アンラーニングが行われる頻度が高くなることや、[68]中間管理職に昇進するタイミングで、自身の働き方が変化することは指摘されています。[101]しかし、最もマネジメントスキルが変化するといわれる「役員に昇進するタイミング」[18]におけるアンラーニングについては、十分に検討されているとはいえません。

以上見てきたように、個人アンラーニングの個別プロセスについては分析が進みつつあるものの、個人要因や状況要因がどのように組み合わさってアンラーニングが行われるかについての包括的プロセスは十分に解明されていないのが現状です。
次章以降では、これら①から⑤までの課題に取り組んでいきます。

第1章
まとめ

■個人アンラーニングは、「仕事の知識やスキルを入れ替える学習」です。

■アンラーニングするためには、適切な形で経験学習サイクルを回す必要があります。

■「表層的アンラーニング」（浅い学習）だけでなく、「中核的アンラーニング」（深い学習）が欠かせません。

■アンラーニングのプロセスについては、まだわかっていないことがたくさんあります。

第2章 アンラーニングの全体像

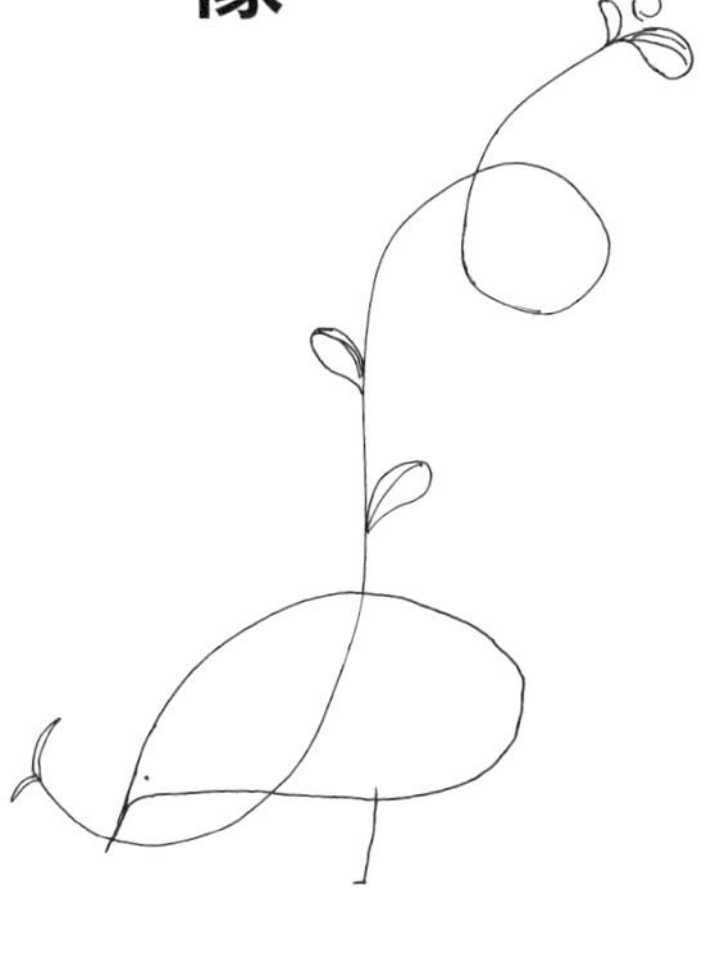

過去というものは何かといえば、理論のない雑多な経験だけが混ざり合った、人生の排気ガスである。どんどん捨て去らなければならない。

［本田宗一郎[50]］

真理を含まない経験を捨てる

「はじめに」でも紹介した本田宗一郎氏は、「経験からの学び」のあり方について、次のように述べています。

「経験が尊重されるためには、その人がその経験から、いつ、誰が、どこで考えても納得のできる正しい理論に裏づけられた知識を、学びとっていなければならない。（中略）急速なテンポで発展する社会や思想を、とかく自分だけにしか通用しない過去の経験や、知識にこだわって考えがちだ。正しく判断ができない。そこでギャップが生じる。歴史の流れにテンポがあわない[50]」

つまり、経験を通して「正しい理論」を導き出した場合には問題ないけれども、「真理を含まない過去の経験」は捨て去るべきだといえます。

アンラーニングの全体プロセス

何かを学ぶときに大切になるのは、初めに「全体の見渡し」を持ち、それから「細かい点」を考えることだといわれています[19]。

前章では、アンラーニングの概念について説明しましたが、本章では、アンラーニングの「全体像」を示します。

私は、さまざまな業種（民間企業社員、国家公務員、地方公務員、病院看護師、行政保健師）で働く人々175名に対して自由記述調査を実施し、「アンラーニングのきっかけは何か」、「アンラーニングは個人や職場に何をもたらすのか」、「アンラーニングを阻害する要因は何か」について調べました。

この調査データを、内容分析[5]およびグラウンデッド・セオリー・アプローチ[132]と呼ばれる手法で分析した結果が図表2-1です。以下では、この図に沿って個人アンラーニングの全体プロセスを簡単に説明した上で、事例を紹介します。

なお、これ以降、アンラーニングという言葉を使うときには「個人アンラーニング」を指すものとします。

アンラーニングのきっかけ

アンラーニングのきっかけとしては、昇進・部門異動・問題の発生・家庭の事情など「状況の変化」が最も多く71・3%、次に上司・同僚・部下・取引先などの「他者の行動」が18・9%、そして研修・勉強会・書籍等の影響が9・8%でした。

これらの結果は、「人材の成長の7割は仕事経験、2割は他者からの指導、1割は研修によって決まる」という「70：20：10の法則」とほぼ一致していることがわかります。[75] つまり、アンラーニングに対するインパクトは、「状況の変化」、「他者の行動」、「研修・書籍」の順になるといえます。

学習は、何らかの矛盾や葛藤がきっかけで生じるものですが、[31] 昇進・部門異動などの状況変化、上司や同僚の行動、研修や読書などを通して、個人は今までの働き方に疑問を感じるようになるのです。

図表2-1　アンラーニングの全体プロセス

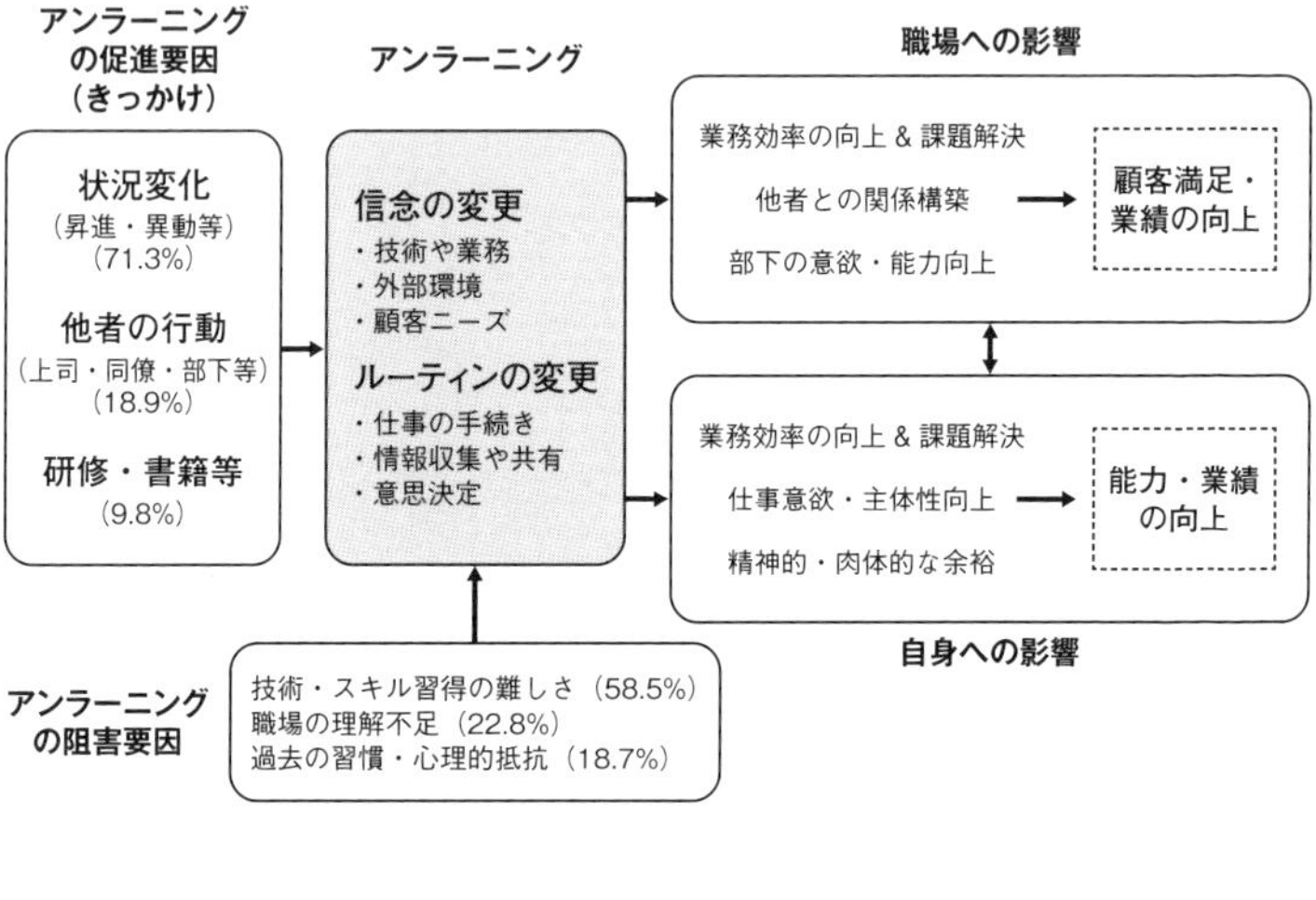

アンラーニングの内容

アンラーニングの内容は、前章で解説した「仕事の信念」と「仕事のルーティン」の変更という定義に沿ったものでした。すなわち、回答者は「技術や業務、外部環境、顧客ニーズについての考え方や信念」を変えたり、「仕事の手続き、情報収集や共有、意思決定のプロセスや方法」を変更することを、アンラーニング事例として記述していました。

アンラーニングの成果

アンラーニングがもたらした成果（有効性）については、「職場への影響」と「自身への影響」に分けることができます。

「職場への影響」として、「部門における業務効率が向上した」、「課題を解決することができた」、「他者と信頼関係を構築できた」、「部下の意欲や能力が向上した」、「顧客満足や業績が向上した」といった点が挙げられました。

一方、「自身への影響」としては、「業務効率が向上した」、「課題を解決することができた」、「仕事のやりがい・意欲・主体性・挑戦性が高まった」、「精神的・肉体的な余裕が生まれた」、「能力や業績が向上した」という点が報告されています。

アンラーニングの阻害要因

アンラーニングを阻害する要因として一番多かったのは「アンラーニングを実施する上での技術やスキルの習得の難しさ」であり、全体の58・5％でした。続いて「職場の理解不足」（22・8％）、「過去の習慣・心理的抵抗」（18・7％）といった点が挙げられています。

すなわち、①新しい知識やスキルを獲得すること自体が難しい、②働き方を変えても上司や同僚の理解を得ることができない、さらに、③これまでの習慣を捨てて新しい仕事のやり方に切り替えることに対する自分の中での抵抗感があるという要因が、アンラーニングを阻害しているのです。

この点に関して、認知心理学者の伊東昌子先生は、職場のルーティンを変化させるアンラーニングを実行する際には、組織的な支援環境が必要になると述べています。[55][57]

以上がアンラーニングの全体プロセスです。

次に、具体的なイメージを持ってもらうため、自由記述調査から5つの事例を紹介します。

アンラーニングの事例

事例⑥「直観から分析へ」（民間企業の社員）

ここで紹介するのは、部門異動という状況の変化にともない、仕事の進め方を変更した、民間企業に勤務する社員の事例です。

「以前は、ある事象に対して『直観的に対応策を考え、実行すること』に重きを置いて仕事を進めていましたが、生産部門からスタッフ部門へ異動してからは、上手く物事を進められなくなりました。

そこで、直観のみに頼る方法を止めて、ロジックツリーなどを用いて論理的に仕事を進めるように心がけたところ、以前よりも相手の理解を求めやすくなりました。ただし、自分の考え方をしっかり持つことと、それを効果的に相手に伝える方法を習得することが難しいです」

この人は、直観的アプローチから分析的アプローチへの変更によって、他者とのコミュニケーションが円滑になりましたが、同時に、新しいアプローチを完全に習得することの難しさも感じているようです。

事例⑦「狭い視野から、広い視野へ」（国家公務員）

次に紹介するのは、昇進という状況変化にともない、仕事の視点や進め方を変えた国家公務員の事例です。

「昇進前は、あまり明確な目標を持つことなく、漫然と業務を推進していました。目標を達成するにしても、眼前の業務に熱中しすぎ、効率性を追求するよりも自己満足的な達成感を味わっていたという感じです。

昇任して階級が1つ上がり、総務的な業務を任されたため、中長期的な業務計画を立て、組織全体を見渡すことを意識するようにしました。

その結果、業務を推進する上で、どうすれば効率的で効果が大きい結果を得ることができるかを考えながら仕事ができるようになりました。しかし、楽観的な性格のため、『冷静に思考する』ことに苦労しています」

このケースでは、管理職への昇進をきっかけに、「目の前の業務のみに集中し」、「自己満足的な達成感を追求する」仕事の仕方を捨て、「中長期的な視点」で「組織全体を見渡す」アプローチへと切り替えた結果、効率的・効果的なパフォーマンスを上げています。この人は管理職ですから、自身の成長だけでなく、職場への影響も大きいといえるでしょう。

ただし、先ほどの事例と同じように、自身の性格の影響から、切り替えたスキルの習得については苦労しているようです。

事例⑧「過去の経験則から、新しい価値観へ」（民間企業の社員）

有能さの罠に見られるように、過去の経験は、貴重な財産であると同時に、人の成長を止めてしまう危険性もあります。次のケースは、部署異動によって、そうした問題に気づき、成功の罠から抜け出した例です。

「『働き方改革』を推進する部署に異動してから、無意識ではありますが、自分が過去の経験則に沿った業務の企画をしていることに気づきました。

そこで、自分とは異なる価値観を持つ人材と積極的に対話し、それまでの経験則にない方法であっても取り入れるスタイルへと変えました。その結果、部門の他メンバーとの信頼関係も築くことができ、新しい提案ができるようになりました。

ただ、時間が経過すると過去の経験則が思考のベースに戻ってしまい、新しい仕事の進め方が一過性になってしまいそうに感じることもあります。そうならないように、常に価値観の異なる人材と対話する環境を作るようにしています」

この人は、過去の経験則にこだわるのを止めて、さまざまな人から新しい価値観を吸収して仕事を進める方法へと転換しています。油断すると昔のやり方に戻ってしまう「慣性の力」も意識し、常に多様な人と交流する状況を作るように工夫しています。アンラーニングを実行するためには、このような不断の努力が必要となるのです。

事例⑨「安全だけではなく、患者第一へ」（病院看護師）

次に紹介するのは、病院で働く看護師の事例です。この人は、医師や検査技師とともに「特別な治療」をする部署で働いていますが、上司の影響によって、安全第一だけでなく、患者第一の検査を意識するようになったといいます。

「以前は、滞りなく業務を進め、インシデント（注：医療事故につながりかねない行為）や間違いを起こさないように注意してきました。

しかし、上司が変わり、どんな状況でも『患者さんのことを一番に考える』姿を見たことで、自分の仕事の姿勢を見直すようになりました。

例えば、治療に恐怖心を抱いている患者さんが入室される時、ギリギリまで家族との時間をとってあげるなど、業務優先ではなく、患者の気持ちに寄り添うようにしています。

ちょっとした声かけやケアで笑顔になってくれる患者さんを見るとやりがいを感じます。また、どんなに面倒なこと、時間のかかることでも、患者さんを含めて医師や技師らと相談し最良の選択肢を得ることができるようになりました。

ただ、『早く治療を終わらせることが患者さんにとって一番よい』と信じている医師からの協力がなかなか得られないことに悩んでいます」

この事例では、「安全のみを重視するスタイル」を止めて、上司をロールモデルとして、「患者第一」の信念や仕事の進め方へと変更したことで、仕事のやりがい、チームの能力、患者満足が向上しています。ここで注意すべきことは、安全第一の姿勢を捨てたわけではなく、「安全第一のみの姿勢」を変更したという点です。

なお、こうしたアンラーニングの結果、一部の医師の考え方と対立することもあり、職場の理解不足がアンラーニングを阻害していることが伝わってきます。

事例⑩「指示待ちから、改善提案へ」（公立学校の職員）

最後に紹介するのは、公立学校の事務職員のケースです。この職員は、研修会へ参加したことがきっかけで、自身の働き方をアンラーニングしています。

「『学校事務不要論』もあり、同僚である教員にも、行政職としての自分の仕事を理解してもらえない状況でした。そうした中、『自分がひどく無駄で哀れな仕事をしている』ように感じ、身が入らず、指示待ちで最低限の仕事をしていました。

あるとき、何気なく参加した県主催の学校事務フォーラムで、他県で先進的な取り組みをしている学校事務職員の実践と成功事例を学び、自分の仕事に明るい未来を感じました。

それ以降、『業務環境やキャリアは自らの働きかけで改善できる』と信じ、そのために何が必要であるかを考え、いろいろな改善提案をするようになりました。

ただ、新しく始めた業務を実行するために大量の残業が発生したことで体調を崩し、家庭に負担をかけてしまいました」

この事例では、研修で学んだ成功事例に刺激されて、「指示待ちで最低限の仕事のみを行う」スタイルを捨て去り、「積極的に改善提案する」スタイルへと仕事の仕方を入れ替えています。

その結果、「挑戦性・主体性」、「仕事のやりがい」が高まっていることがわかります。しかし、順風満帆というわけではなく、さまざまな改善を実践するのに要する時間や業務負担が阻害要因となっているようです。

理論的な発見

個人レベルのアンラーニング研究は始まったばかりであり、その枠組みや全体像が明確になっていないのが現状です。[47,65]

最近になって、個人アンラーニングの促進要因に関する実証研究は、上司、同僚、経験年数の観点から報告されており、[52,68,99,100] アンラーニングを実施する上で、職場における時間的、経済的、法的な制約が障害になることも指摘されています。[56]

しかし、従来の研究は、アンラーニングのある特定の側面のみを分析している傾向にあります。これに対し、本章の分析は、「促進要因」、「阻害要因」、「個人や職場への影響」という観点から、アンラーニングの包括的なプロセスを、質的調査を通して把握したことに理論的な意義があると考えられます。

実践のポイント

本章では、自由記述調査データを分析することでアンラーニングの全体像を明らかにし、事例を紹介しました。本田宗一郎氏がいうように、真理を含まない過去の経験則は捨てなければなりません。[50] 以下では、実践のポイントをまとめておきました。

アンラーニングのチャンスを見逃さない

アンラーニングのきっかけは、「状況の変化（昇進・異動）」が7割、「他者の行動（上司・同僚・部下）」が2割、「研修・書籍等」が1割でした。つまり、アンラーニングは何かしらの外部刺激によって喚起されるといえます。

「状況変化」、「他者の行動」、「研修・書籍」という、仕事を学びほぐすチャンスを見逃さないようにしましょう。

アンラーニングのメリットとコスト

アンラーニングは、業務効率の向上、課題解決、仕事のやりがいの向上、他者との信頼関係構築、業績向上等、自分自身だけでなく職場に対してもさまざまなメリットをもたらします。

一方、仕事の信念やルーティンを変更することには、自身の心理的抵抗、スキル習得にかかる時間や難しさ、さらに職場における他メンバーの理解不足という障害も存在します。

つまり、アンラーニングを実施するにはそれなりのコスト（時間・労力）がかかりますが、それ相応のメリットがあるといえるでしょう。コストをかけても自分を成長させるかどうかは、みなさん次第です。

本章で示した結果は、あくまでも「質的分析」に基づくものです。

第2部では、個人の個人的・心理的メカニズムに焦点を当て、アンラーニングが生じるプロセスを「量的に分析」します。

第2章

まとめ

■アンラーニングのきっかけは次の3要因です。

①「状況の変化」（昇進・部門異動等）

②「他者からの影響」（上司・同僚・取引先等）

③「研修・勉強会・書籍」

■アンラーニングするほど、職場や個人の「業務効率、課題解決、関係性、業績」が改善します。

■アンラーニングを阻害する３つの要因に気をつけてください。

①「技術やスキルの習得の難しさ」

②「職場の理解不足」

③「過去の習慣や心理的抵抗」

第2部

アンラーニングをうながす個人要因

第3章

アンラーニングをうながす学習志向と内省

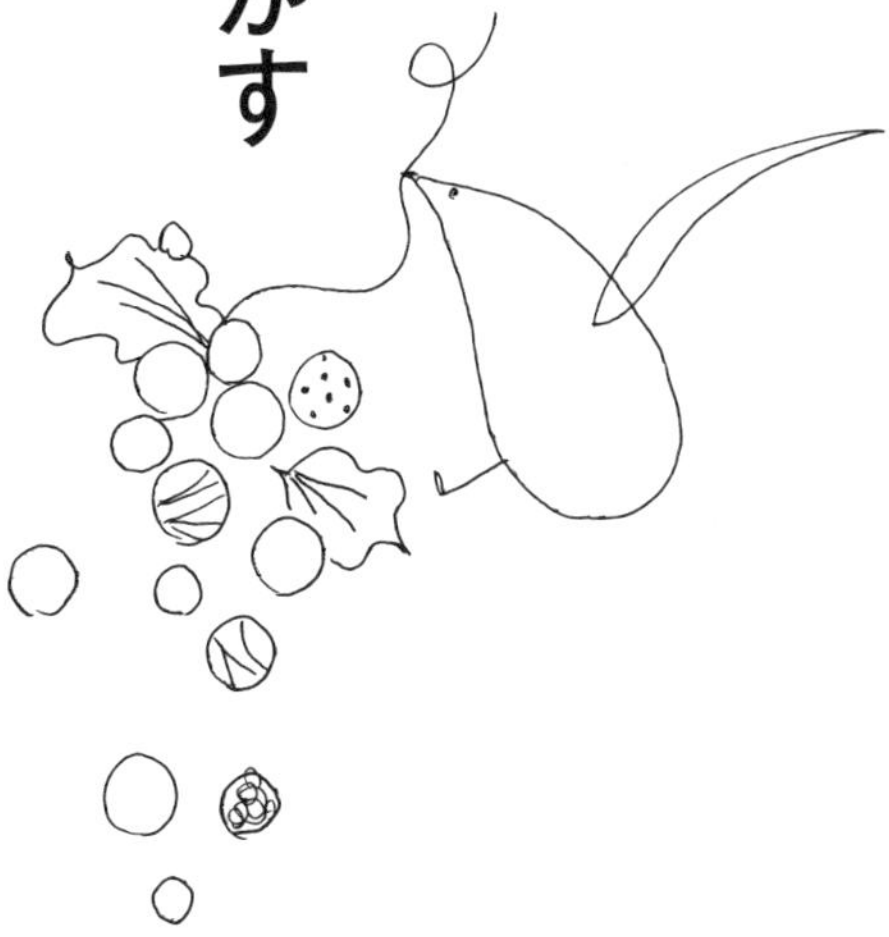

いつも、「自分の得意な形に逃げない」ことを心がけている

［羽生善治[38]］

得意な形に逃げない

自分の得意な型を作ることは大事なことですが、その型は常にアップデートする必要があります。

この点について、将棋界で永世七冠を獲得した羽生善治氏は、著書の中で次のように語っています。

「いつも、「自分の得意な形に逃げない」ことを心がけている。戦型や定跡の重んじられる将棋という勝負の世界。自分の得意な形にもっていけば当然ラクであるし、私にもラクをしたいという気持ちはある。しかし、それを続けてばかりいると飽きがきて、息苦しくなってしまう。アイデアも限られ、世界が狭くなってしまうのだ。人は慣性の法則に従いやすい。新しいことなどしないでいたほうがラクだから、放っておくと、ついそのまま何もしないほうへと流れてしまう。意識的に、新しいことを試みていかないといけないと思う[38]」

この言葉は、成功体験に固執する「**コンピテンシー・トラップ**（有能さの罠）[73]」の本質を見事に表しています。

作家の吉本ばなな氏も、ほぼ同様のコメントをしています。

「ある程度の年齢になると人間は得意なことに逃げるようになるんです。そうすると得意なことがだめになっていきます。上手くいかないことを得意なことで解消するというサイクルに陥ってしまうと、得意なことが得意でなくなっていくし、楽しくなくなってしまいます[153]」

両氏の言葉を聞くと、得意な型に逃げれば楽ではあるけれども、人間の成長を止めてしまうことがわかります。

つまり、得意な型を作り上げた後は、自身の強みを生かしつつ、自分の得意な型をカスタマイズしながら磨き続けることが重要なのです。

「型やスタイル」を振り返ることの難しさ

しかし、一度自分の型ができると、それにしがみつきたくなるのが人間というものです。

2章においても、習慣や型にひっぱられ、自分のスタイルを変えることに心理的な抵抗を感じることが、アンラーニングの阻害要因として指摘されていました。そうした抵抗を乗り越えて、アンラーニングを行うためには、どうすればよいのでしょうか。

そのカギは、自身の経験を振り返る「内省」にあります。[122]

特に、ジャック・メジロー[89~92]は、自分の型を変えるような「変容的学習（transformative learning）」を実践するには、信念や前提を問う「批判的内省」が必要になると述べています。

自分としては、「当たり前だ」と思っている自身のスタイルや型に気づき、それを変えていくことは、「高次学習」（高い次元での学び）と呼ばれ、成人が学び続ける上での重要なポイントです。[79]

しかし、「自分の中の当たり前」に気づき、そこに疑問を持つことは「至難の業《わざ》」です。

みなさんは、自分の仕事における「信念」、「前提」、「スタイルや型」を語ることができるでしょうか。こうしたことは、自分の中で「自明であり」、「当然すぎて」言語化することが難しいのです。

本章では、いかにすれば自分の中の「当たり前」に気づくことができるかを考えたいと思います。

本章のアプローチ

これまでの研究においては、この「批判的内省」と変容的学習の関係は、質的手法を用いて分析されてきましたが[89,91]、統計を用いた量的研究において十分に実証されているわけではありません。

さらに、内省や批判的内省が、どのような心理的プロセスによって生じるのかについても、量的な研究が不足しています。

そこで、本章では、「内省」や「批判的内省」を方向づける要因として「目標志向（達成状況で立てる目標の傾向）」に着目し、アンラーニングに及ぼす影響を検討します。具体的には、「どのような目標を持ち」、「いかなる振り返り」をすれば、アンラーニングが進むのかについて分析しました。

さらに、米国で実施した調査データを用いて、「内省・批判的内省」と「アンラーニング」の関係が、文化の違いを越えて認められるかを確認した上で、アンラーニングが働きがい（ワーク・エンゲージメント）に与える影響についても分析します。

目標・内省モデル

図表3-1は、本章で検討する第一のモデルである「目標・内省モデル」を図示したものです。このモデルは、学びを重視する「学習志向」と、他者からの承認や評判を重視する「業績志向」という2タイプの目標志向が、業務を振り返る「（一般的）内省」と、自分の当たり前を振り返る「批判的内省」を通して、アンラーニングに影響することを想定しています。

分析結果を説明する前に、目標志向と内省のタイプについて簡単に説明しておきます。

学習志向と業績志向

みなさんは普段、何を目標にして仕事をしているのでしょうか。

目標志向は、「自分の能力を高め、学ぶこと」を重視する「学習目標」と、「他者から承認されたり、高い評判を得ること」を重視する「業績目標」に分けることができます[29,30]（図表3-2）。

目標はその内容と関連する活動へと、人間の注意や行動を方向づけるといわれているため[74]、学習志向は、個人を「新しい学びの方向」へ、業績志向は「確実な成果や他者からの承認を得る方向」へと導くと考えられます。

例えば、ある職場にAさんとBさんがいたとします。Aさんは、同僚から認められれば嬉しい気持ちにはなりますが、それよりも、常に新しい知識やスキルを身につけ、職業人として成長することを重視しています。

これに対しBさんは、何かを学ぶことよりも、同僚や上司

図表3-1　アンラーニングの目標・内省モデル

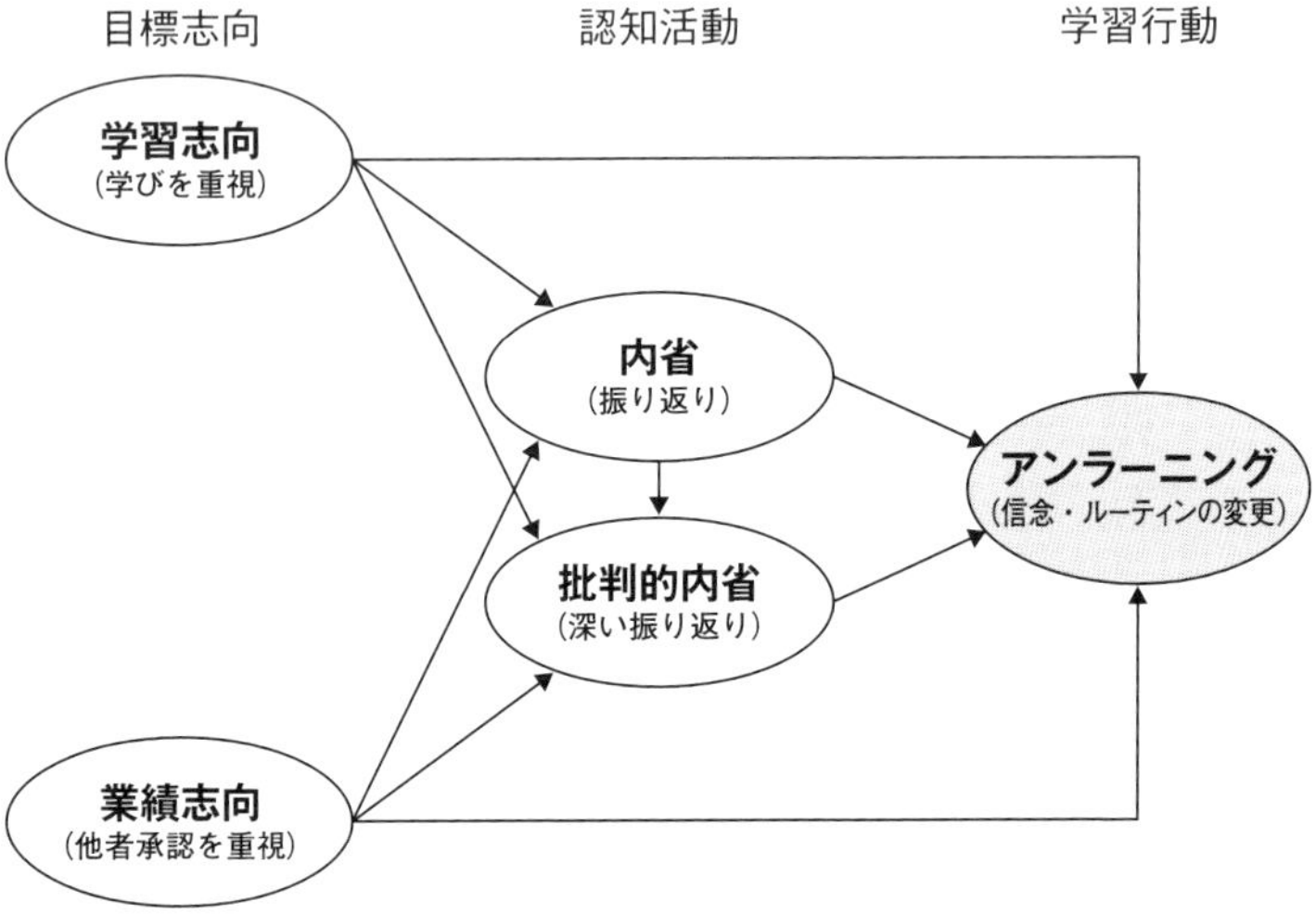

からほめられたいという気持ちのほうが強い人です。AさんBさんともに、学習志向と業績志向を持っていますが、その強さには差があることがわかります。すなわち、Aさんは学習志向のほうが、Bさんは業績志向のほうが強く、その違いが勤務態度や行動に表れるのです。

ここで注目したいのは学習志向の働きです。従来の研究では、学習志向が高い人ほど、自分の行動や感情をコントロールすることができ[11,144,147]、自分の能力を改善しようとする意欲や[46]、自分を俯瞰するメタ認知能力が高く[35]、より熱心に学習活動に取り組むことがわかっています[110,136]。

この点を考慮すると、業績志向よりも学習志向のほうが、内省や批判的内省を活性化させて、結果的にアンラーニングをうながすと予想できます。

内省と批判的内省

次に、学習の「要（かなめ）」となる内省について解説します。

すでに説明したコルブの経験学習サイクル[67]によれば、人が経験から学ぶためには「経験して↓内省し↓教訓を引き出し↓応用する」

図表3-2　学習志向と業績志向

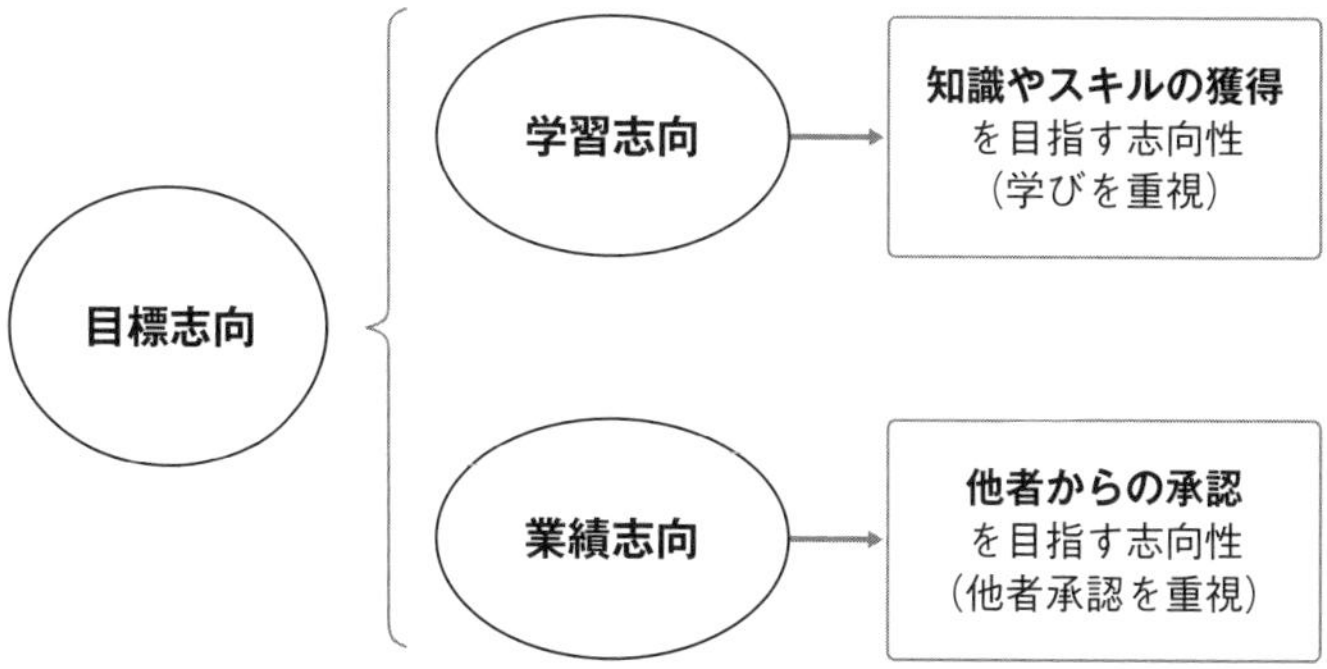

出所：Dweck（1986）およびDweck & Leggett（1988）を基に作成

というサイクルを回さなければなりません。このサイクルを見てもわかるように、内省は、経験から教訓を引き出す上で重要な役割を果たします。

ここで理解してほしいことは、図表3-3に示したように、内省にはレベルが存在することです。[62] レベル0は、それまでに培った習慣的なスキルに基づいて、無意識的・自動的に仕事をしている状態であり、レベル1は、仕事上の目標・方法・アプローチを意識・理解はしているものの、見直したり、修正していない状態です。つまり、レベル0やレベル1は、内省が存在しない、もしくは浅いといえます。

これに対し、レベル2の内省は、仕事上の目標・方法・アプローチを見直し、修正しており、さらに、レベル3になると、自分の中で「当たり前」となっている信念や前提を根本的に問い直しています。つまり、「習慣的行為（レベル0）→理解（レベル1）→内省（レベル2）→批判的内省（レベル3）」と移行するにしたがって、内省が深くなっているのです。[62]

内省のレベル2とレベル3は、1章で説明した経験学習のレベル2（基本スタイルは変えずにスキルやテクニックについて教訓を引き出してい

図表3-3　内省の深さ・レベル

内省の深さ ↓

レベル0：習慣的行為
習慣的なスキルに基づいて、無意識的・自動的に仕事をしている

レベル1：理解
仕事上の目標・方法・アプローチを意識・理解している

レベル2：内省
仕事上の目標・方法・アプローチを見直し、修正している

レベル3：批判的内省
自分の中で「当たり前」となっている信念や前提を根本的に問い直している

出所：Kember et al.(2000) を基に作成

る）とレベル3（教訓を引き出して、基本スタイルをアップデートする）を実践するために必要になります。

例えば、ある広告会社のマネジャーは、「クライアントとの関係構築のためには宴席での接待は不可欠である」という信念を持っていましたが、東日本大震災後に宴席が減っても業績に変動がなかったことをきっかけに、自身の信念を批判的に内省したそうです。その結果、目的のない宴席を極力止めて、仕事の中身を議論する時間を増やしたことで、効率性や業績が向上したといいます。

この事例は、自分の中の当たり前となっていた信念や前提を見直しているという点で、レベル3の批判的内省をしていることがわかります。

なお、本章では、内省と批判的内省のうち、アンラーニングに強く影響するのは批判的内省であると予想しました。なぜなら、仕事の信念やルーティンは、自身の中で「当たり前」となっている仕事のスタイルであるため、深い振り返りである批判的内省によって検討しなければならないからです。

目標・内省モデルの分析結果

目標志向や内省について理解できたところで、先ほど示した「目標・内省モデル」の検証結果を説明しましょう。

自治体に勤務する職員、人材コンサルティング企業の社員、複数病院に勤務する看護師、合計271名に対して実施した調査データを統計的手法（共分散構造分析）によって分析したところ、図表3-4のような結果が得られました。

この図では、統計的に意味のある関係のみ矢印で示しています。矢印のついていないところは、関係が認められなかったと解釈してください。また、矢印の太さは関係の強さを意味しています（詳しい分析結果は巻末資料A（182ページ）を参照してください）。

まず、2タイプの目標志向のうち、自分を成長させることを重視する「学習志向」を持つ人ほど、「内省」と「批判的内省」を行う傾向にありました。これに対し、他者から認められることを重視する「業績志向」は「内省」のみを弱い形で高めていました。

つまり、他者から承認されることを目指す「業績志向」よりも、新しい知識やスキルを得ることを大切にする「学習志向」

図表3-4　分析結果（目標・内省モデル）

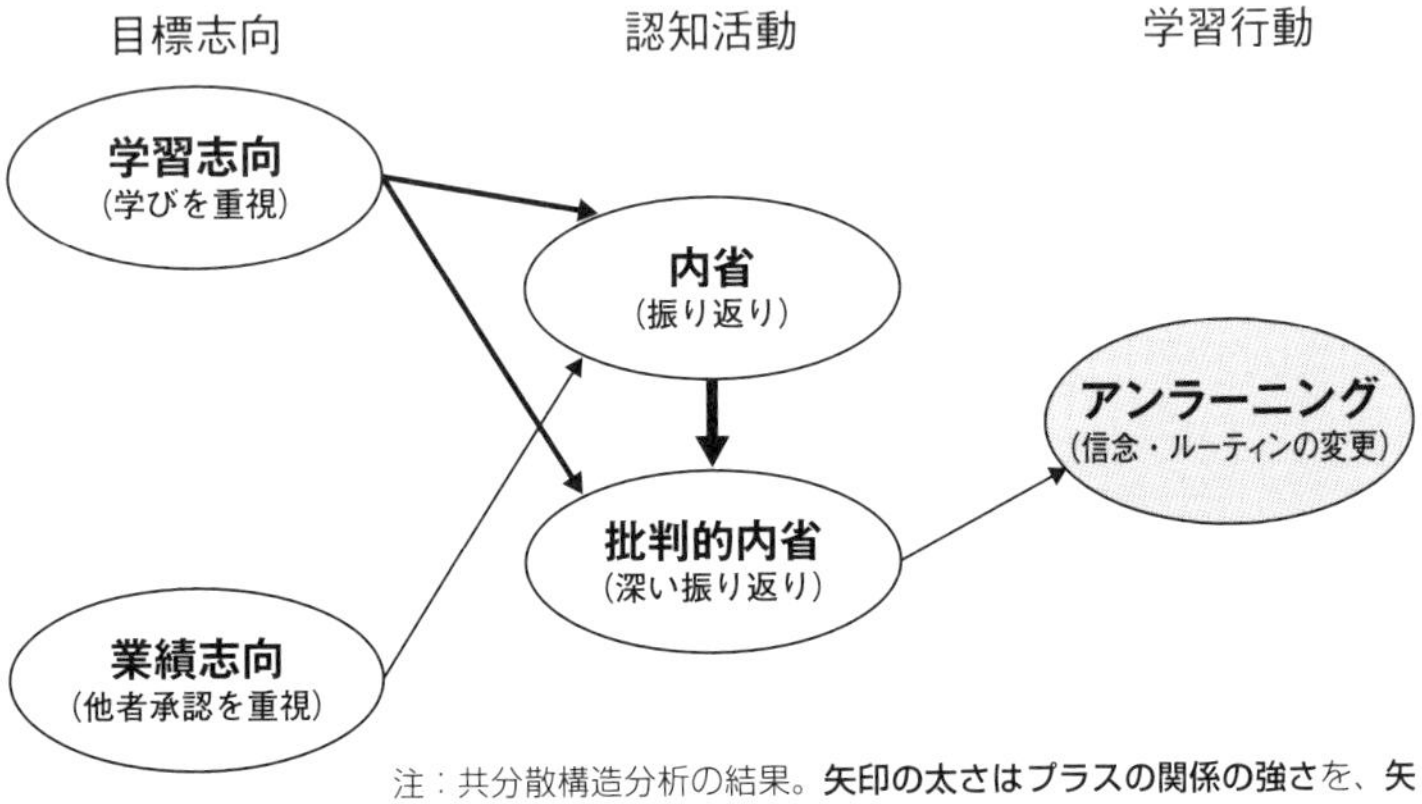

注：共分散構造分析の結果。**矢印の太さはプラスの関係の強さ**を、**矢印なしは、統計的な関係がなかった**ことを示しています。詳しい分析結果（標準化係数）は巻末資料A（p.182）を参照してください。

を持つ人ほど、深い振り返りをしているといえます。

次に注目してほしいのは、図表3-4における「内省→批判的内省→アンラーニング」という経路（関係）です。この流れを見ると、仕事の目標や方法を振り返ることで（内省）、自分の中で「当たり前」となっている信念や前提を問う深い振り返りがしやすくなり（批判的内省）、その結果、仕事上の信念やルーティンをアップデートすること（アンラーニング）ができるようになることがわかります。

なお、「学習志向」や「業績志向」からアンラーニングへの直接的な矢印がつけられていませんが、これは、目標志向だけではアンラーニングを引き起こすことはできないことを意味しています。

アンラーニングに至る3つの経路

分析結果を詳しく見ると、目標志向からアンラーニングに至る経路は、図表3-5に示すように3つ存在することがわかります。

第一に、「学習志向→批判的内省→アンラーニング」という経路です（経路①）。つまり、知識やスキルを獲得することを重視する「学習志向」が高いほど、自分の当たり前を振り返る「批判的内省」を行うようになり、その結果として、信念や仕事の方法を大きく変えるという流れです。

第二の経路は、「学習志向→内省→批判的内省→アンラーニング」です（経路②）。第一の経路の中に、通常の「内省」がはさまれています。つまり、自分の仕事の目標や進め方を見直すうちに、以前は正しいと思っていたやり方に疑問を感じるようになり、アンラーニングがうながされるというパスです。

第三の経路は「業績志向→内省→批判的内省→アンラーニング」です（経路③）。業績志向は、批判的内省と直接関係しているわけではありませんが、一般的な振り返り（内省）をうながすことで、批判的内省やアンラーニングを間接的に後押ししているといえます。つまり、「他人からの承認を求めることを重視する業績志向」も、弱いながら、アンラーニングを促進する効果があることがわかりました。

学習志向の方向づけ機能

これら3つの経路のうち、学習志向を起点としている経路が2つあります。このことからも、学習志向がアップデート型の学習であるアンラーニングを方向づける力が強いということがわかり

図表3-5　アンラーニングに至る3つの経路

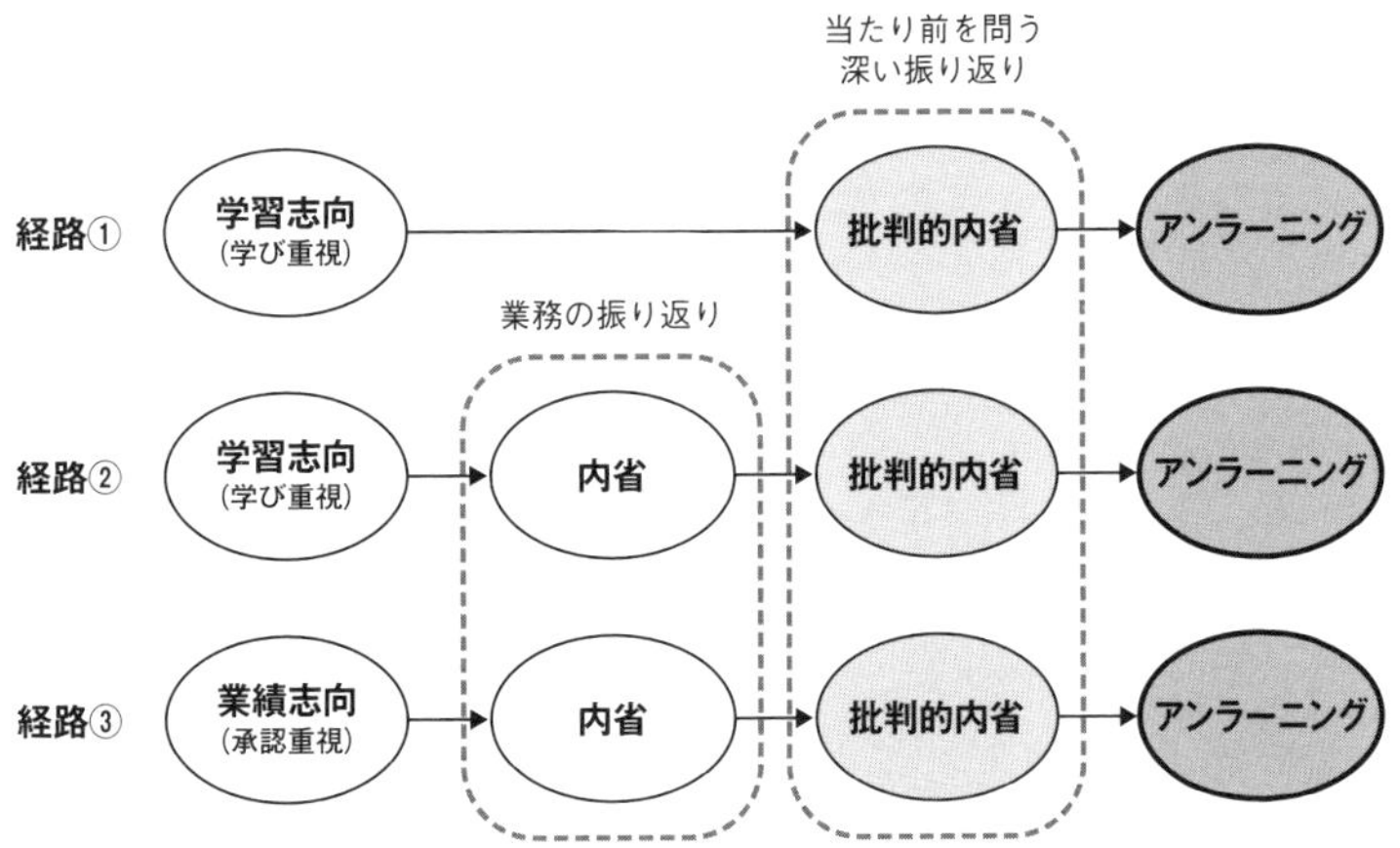

ます。
学習志向は、行動・感情のコントロールやメタ認知能力（俯瞰力）と強く結びついているために[11,35,144,147]、深い内省やアンラーニングへと個人を方向づけると考えられます。

カギとなる「批判的内省」

また、図表3-5における3つの経路を見ると、かならず「批判的内省」を通っていることがわかります。これは、信念やルーティンといった仕事における根本的なスタイルを変革するためには、「自身の前提を問う振り返り」が必要になることを示しています。

これまで、批判的内省が自己変容をともなう学習をうながすことが質的研究を通して示されてきましたが[89,91,135]、この関係を職場学習の文脈において量的に検証した点が、本書における新しい発見です。

なお、直接的な影響は与えていなかったものの、「内省」は「批判的内省」を媒介して仕事のアンラーニングをうながしていた点にも注目すべきでしょう。従来の研究は、内省の役割を軽視する傾向にありましたが[36,114]、「内省」は「批判的内省」を行うための「準備作業」や「土台」としての意味を持つといえます。

内省・働きがいモデル【米国データを用いた検証】

「目標志向」や「業務の振り返り」がアンラーニングを左右していることがわかりました。しかし、分析に用いたのは日本の調査データです。もしかすると、「反省」を大切にする日本文化が分析結果に影響を与えているかもしれません。

さらに、仕事のアンラーニングが、働く人の心理的状態にポジティブな影響を及ぼしているかどうかについても検証する必要があるでしょう。なぜなら、「変える」という行為は人にストレスを与えるからです[20,47,139,146]。

そこで、以下では、米国におけるさまざまな業種で働く従業員３０１名のデータを用いて、「内省→批判的内省→アンラーニング」の関係を確認するとともに、アンラーニングが「生き生きと働く状態」であるワーク・エンゲージメントをうながしているかどうかを検証します。

図表３-６はアンラーニングの「内省・働きがいモデル」です。「内省」と「批判的内省」が「アンラーニング」をうながしていることを想定している点は目標・内省モデルと同じですが、「アンラーニング」から「ワーク・エンゲージメント」へとパス（経路）が出ている点が特徴となっています。

分析結果に入る前に、新しい変数であるワーク・エンゲージメントについて説明しておきます。

働きがい指標としての「ワーク・エンゲージメント」

ワーク・エンゲージメントとは、「活力に満ち、熱意があり、仕事に没頭している心理的状態」です[23,120,121]。わかりやすくいうと「生き生きと働いている状態」を指します[126]。

つまり、ワーク・エンゲージメントが高い人は、「働きがいを感じている」程度が高いと考えられます。

ワーク・エンゲージメントの構成要素は「活力」、「熱意」、「没頭」ですが、具体的には次のような質問項目によって測定されています[120]。

- 仕事をしているとき、活力が満ちている感じがする（活力）
- 自分の仕事に夢中になっている（熱意）
- 仕事に打ち込んでいる（没頭）

図表3-6　アンラーニングの内省・働きがいモデル

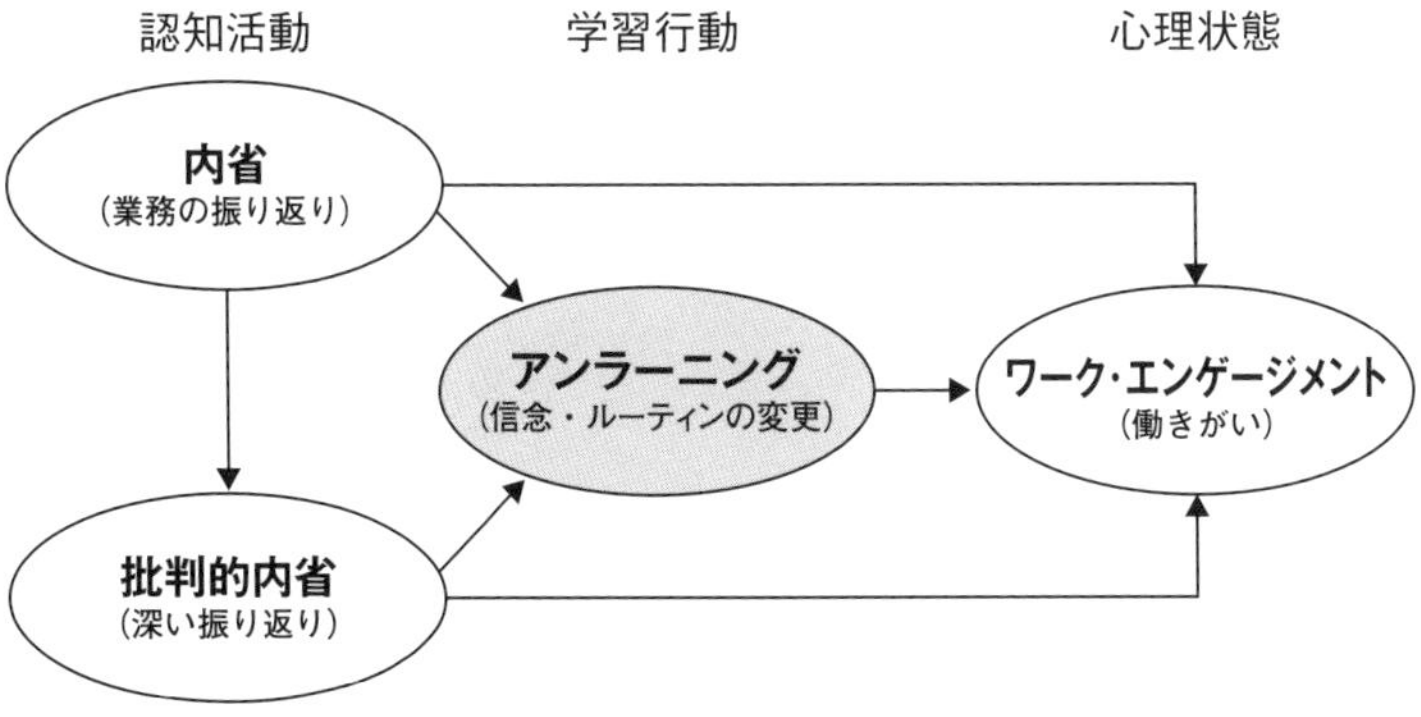

例えば、自動車を販売している営業担当者をイメージしてください。もし、その担当者が、自動車を売るという仕事において、自分が持っているスキルを発揮することができ（活力）、さまざまな工夫をしながら、お客さんのニーズに合った車を提案することに熱心に取り組み（熱意）、やりがいを持ちながら仕事に集中しているならば（没頭）、ワーク・エンゲージメントが高い状態にあるといえます。

逆に、自動車販売という仕事において、自分の能力が発揮できないと感じ、工夫や提案をする気持ちも起こらず、やりがいも感じられない場合には、ワーク・エンゲージメントが低い状態にあります。

従来の研究によれば、ワーク・エンゲージメントが高いと、職務満足が高くなり、組織への愛着が強まり、革新的な働き方や業績向上が促進されることが明らかになっています[2,22,76,119,120,151]。つまり、ワーク・エンゲージメントは、職場における働きがいの総合的な指標なのです。

本章では、前章で明らかになった「内省→批判的内省→アンラーニング」という関係を米国のデータによって検証するとともに、アンラーニングが働きがいの指標であるワーク・エンゲージメントを高めるかどうかについても分析します。

内省・働きがいモデルの分析結果

統計分析（共分散構造分析）の結果は図表3-7に示す通りです。この図では、統計的に関係が認められたパス（経路）のみを示しており、矢印の太さは関係の太さを意味しています（詳しい分析結果は巻末資料A（187ページ）を参照してください）。

結果を見ると、2タイプのリフレクションのうち、アンラーニングを直接的にうながしているのは深い振り返りである「批判的内省」だけでした。業務の振り返りである「内省」は、批判的内省を通して間接的に仕事の変革に影響を与えていることがわかります。

この結果は、目標・内省モデルの結果と一致しています。つまり、米国人も、日本人と同様に、深い振り返りを通して、アップデート型の学習をしているのです。

次に、アンラーニングしている人ほど、ワーク・エンゲージメント、すなわち「働きがい感」が高いことがわかりました。仕事上の信念やルーティンを変えることはストレスがかかりますが[20,47,139,146]、

図表3-7　分析結果（アンラーニングの内省・働きがいモデル）

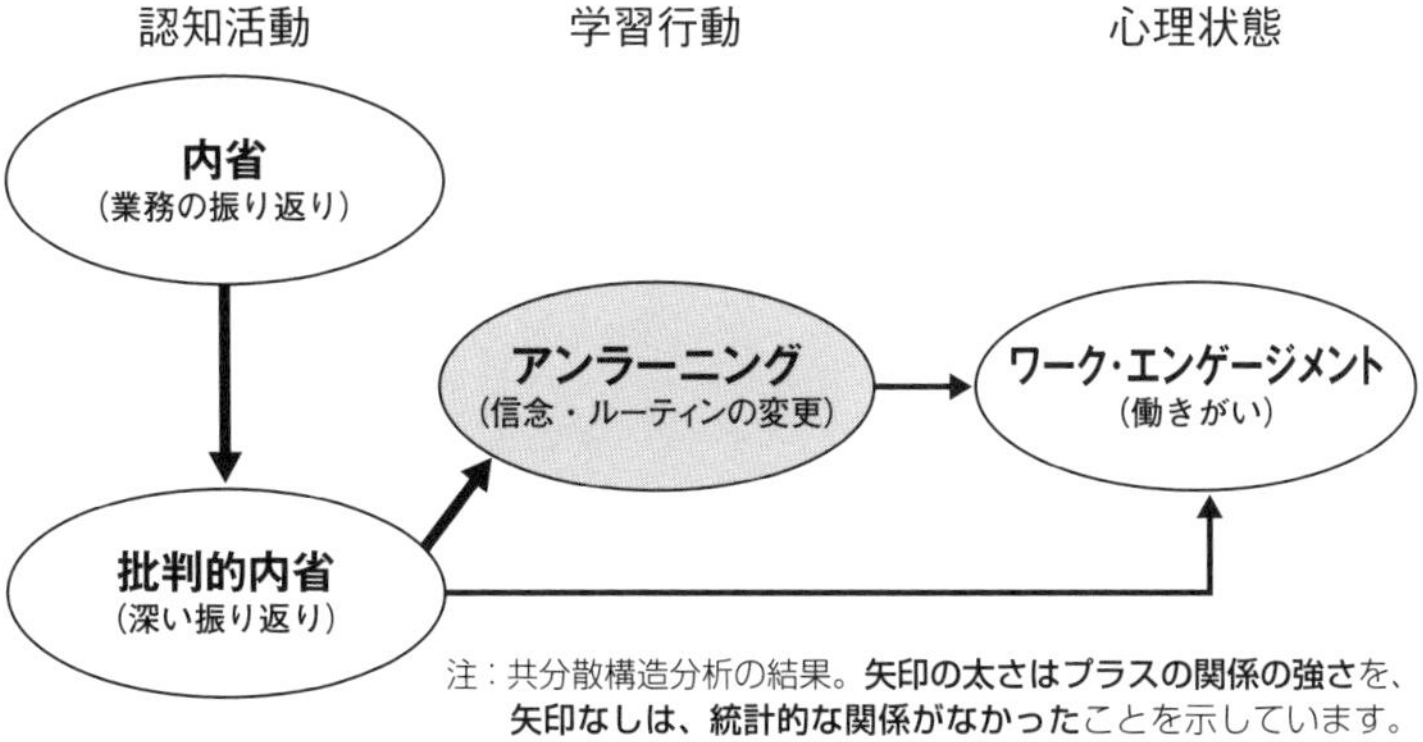

注：共分散構造分析の結果。**矢印の太さはプラスの関係の強さ**を、**矢印なしは、統計的な関係がなかった**ことを示しています。詳しい分析結果（標準化係数）は巻末資料A（p.187）を参照してください。

アンラーニングはポジティブな心理状態をもたらしているといえます。

これは、働き方を変えるという行為自体に意味や意義を見出し、たとえ、スムースにアンラーニングが進まなくとも、仕事のやりがいを強く感じるためだと思われます。

ここで注目したいことは、批判的内省が直接的にワーク・エンゲージメントを高めている点です。つまり、自分の当たり前を問う深い振り返りをすること自体が、生き生きと仕事をする感覚を高めていました。

なお、図表3-7にあるように、内省からアンラーニングやワーク・エンゲージメントへの直接のパスはありませんでした。この結果は、通常の内省が「深い内省」のための「準備作業」や「土台」であることを示しています。

アンラーニングのポジティブな効果

2つのモデルの分析を通して、「内省→批判的内省→アンラーニング」という関係が、日本データだけでなく、米国データによっても検証されました。この結果から、アンラーニングのプロセスにおいて批判的内省がカギとなる働きをすること、また、(一般的)内省によって批判的内省が醸成されることが、文化の違いを越えて示されました。

なお、いったん確立した仕事上の信念やルーティンを変えることによって心理的な負荷がかかるといわれていますが[20,47,139,146]、本書の分析の結果、アンラーニングしている人ほど、生き生きと働いていることがわかりました。

ただし、アンラーニングを行っても、いつもよい結果が得られるとは限りません。分析結果から推測されることは、仕事の信念や考え方を「変えるという行為」自体に手ごたえを感じているということです。

つまり、試行錯誤しながら、自分の働き方を学びほぐすことに、ポジティブな効果があるといえます。

学習志向と内省がアンラーニングにつながった事例

ここで、学習志向によって内省がうながされアンラーニングにつながった3つの事例を紹介いたします。

事例⑪「早い段階から仮説検証」（民間企業の社員）

次の事例は、部署異動をきっかけに仕事の進め方を見直した民間企業の社員のケースです。

「入社してから10年間、既存事業サービスを扱う部門に所属していましたが、そこでは、十分な時間をかけて計画を立て、着実な準備を重ねた上で実行に移す仕事の進め方をしていました。希望を出して新規事業を開発する部門に異動すると、今までのような仕事の進め方では通用しないことがわかりました。

危機感を持つと同時に『もっと能力を高めたい、成果を出したい、チームに貢献したい』という意欲が高まり、自分の働き方のどこに問題があるのか、どのように働き方を変えたらよいのかを深く考えました。

そして、生産性の高い先輩を見習って、『早い段階で仮説を立てて検証し、必要に応じて仮説検証と軌道修正を繰り返す仕事の進め方』に変えたところ、不要な手戻りが減り、生産性やアウトプットの質が高まり、仕事のやりがいも感じています」

この事例では、部門の異動によって働き方がアンラーニングされていますが、その原動力が、学習志向の高さと批判的内省であることがわかります。

事例⑫「住民とともに考える」（行政保健師）

次に紹介する保健師は、前例主義の働き方に疑問を感じ、働き方を変えています。

「ある時期まで、目の前にある事業を実施することばかりを意識し、『前例』に基づいて仕事を進めていました。

しかし、働く中で、『やりがいや楽しさを感じながら仕事を進めていきたい、また住民の方たちをエンパワーメントできるような仕事をしていきたい』という思いが常にあったのも事実です。そういう思いを実現していくために、仕事の進め方をどう変えていくべきかを考えた結果、仕事以外の場においても、住民とのつながりや対話、交流を積極的に図るようにして、自分自身の視野や考え方を広げるよう努め、住民とともに考えながら、現状に即して事業を立案するような取り組みを意識しました。

その結果、仕事の進め方を変えるために上司へ積極的に提案したり、業務を効率化・有効化することができるようになりました」

この事例においても、学習志向に基づく内省によって、「前例に基づく働き方」から「住民との対話を基に提案する働き方」へとアンラーニングが行われています。


事例⑬「発信し、俯瞰する働き方」(公立学校の事務職員)

最後に紹介するのは、定型的な仕事の進め方を改め、提案型の働き方へとアンラーニングした公立学校の事務職員の事例です。

「職場では、報告物を期日通りに処理し、予算執行については教員からの要望を受けてから行い、職員会議には出席しない形で仕事をするのが通例です。

行政職に採用された頃から『どこかおかしい』と思いながらも、何年もこのように過ごしていました。

同僚や上司からは『こんな仕事だ』といわれたりしながら、ずっともやもやした納得できないものを感じ、『何も考えず、楽して給料がもらえる仕事だ』と割り切ることができずにいました。

そこで、あるときから、仕事をしている中での気づきや法規的なことを教員に発信するようにし、予算についても、勤務校を俯瞰して工夫しながら効果的な運用を行い、職員会議に出席して主張するように働き方を変えました。

教員には見えないものも、事務職員には見えることもあります。小さいけれども改善の一歩を踏み出すことができました。そのためには、日々の勉強が欠かせないと感じています」

この事例においても、学びを重視する「学習志向」と、深い振り返りである「批判的内省」がアンラーニングをうながしていることがわかります。

理論的な発見

これまでの研究において、自分の中の当たり前を問うような「高次の学習」を行うためには、批判的内省が必要になることが指摘されていましたが[36,92,112]、量的な調査で実証されることは少なく、また、どのようにすれば批判的内省が可能となるのかについては検討されていませんでした。さらに、国の文化が異なると、アンラーニングのプロセスも異なるかどうかについても分析されていませんでした。

これらの課題について本章の分析では、「批判的内省→アンラーニング」の関係を量的分析によって確認し、①仕事の進め方を「内省」することが、深い内省である「批判的内省」を導くこと、②学びを重視する「学習志向」を持つことが、「内省」、「批判的内省」を可能にすること、③上記の関係が日米で共通していることを明らかにすることができました。

なお、私が開発したアンラーニング尺度（目標・内省モデルで使用した測定尺度）を用いた海外の研究者も「批判的内省→アンラーニング→革新的行動」という関係を報告しています[66]。このことからも、批判的内省がアンラーニングを推進する力を持つことがわかります。

実践のポイント

羽生氏や吉本氏が指摘するように、「有能さの罠」に陥ってしまうと「自分の得意な型」に逃げ込んでしまい、アンラーニングに対して心理的な抵抗感を覚えるようになります。そうした抵抗感を乗り越え、自分の型をアップデートするための実践のポイントは次の通りです。

学習志向を意識し、強化する

学びを重視する学習志向を持つことは、内省や批判的内省をうながし、アンラーニングを後押しします。これまでの研究では、「学習志向の重要性を理解し」、「学習目標を立てる」ことで、学習志向が強化されることがわかっています。[106] 本章で紹介した事例においても、学びの大切さに気づき、働き方を変えたケースがありました。

なお、他者からの承認を得ることを重視する「業績志向」も内省につながりますが、学習志向に比べるとその影響力は弱いといわざるを得ません。人間ですから、「他者から認められたい」と感じるのは当然ですが、同時に、「成長したい」という気持ちをより強く意識し、学習目標を立てることで「振り返り力」が高まり、結果的にアンラーニングを実践することが可能となります。

二段階で内省する

分析の結果、批判的内省がアンラーニングをうながしていることがわかりましたが、注目したいことは、一般的な内省が批判的内省の基盤となっていることです。つまり、業務の進め方や目標を見直している中で、自分の中で当たり前となっている考え方に疑問を持つようになるという「二段階の構造」です。

したがって、普段から自分の仕事のあり方を振り返る習慣を持つことが、批判的内省が生じる確率を高めてくれるでしょう。

例えば、日記やメモの形で自己内省したり、同僚と対話形式で振り返ったり、上司との一対一の面談で仕事を振り返るなど、定期的な内省を習慣化することで、「仕事の信念やスタイルを批判的に見直すことができる瞬間」が訪れるはずです。

このとき、自分の働き方を振り返り、何らかの問題に「気づき」、改善につなげること自体に、「発見の喜び」があります。こうした「エンジョイメントの要素」を忘れないことが、振り返りを継続する秘訣だといえるでしょう。

第3章

まとめ

■学びを重視する「学習志向」が「深い内省（批判的内省)」と「アンラーニング」の原動力となります。

■一般的な「内省」は「批判的内省」のための土台となります。二段階の振り返りを通してアンラーニングしましょう。

■アンラーニングは「働きがい（ワーク・エンゲージメント)」につながります。

第4章

アンラーニングをうながす自己変革スキル

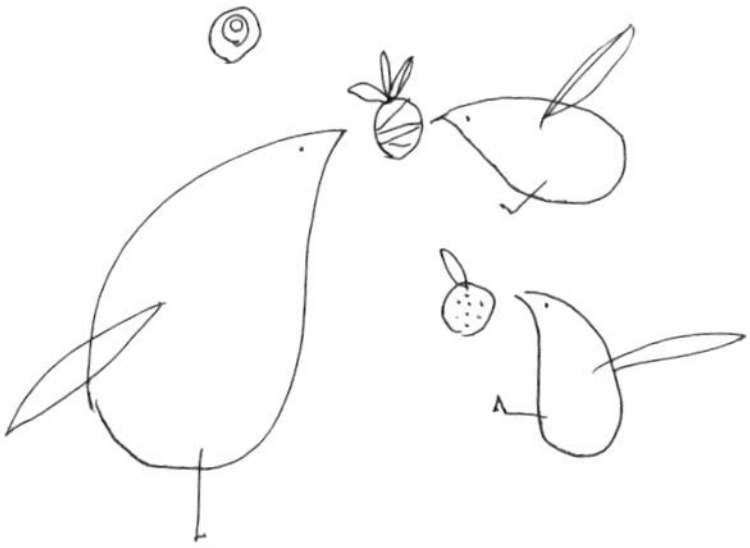

他人のものはもちろん、たとえ自分の仕事でも、なぞってはならない
［岡本太郎[108]］

自己模倣からの脱却

右の言葉は、革新的な芸術家として知られる岡本太郎氏の言葉です。芸術家は自分のスタイルを持っていますが、そのスタイルを固定化してはいけないという強いメッセージが伝わってきます。

バルセロナの教会サグラダ・ファミリアの建築家として知られるガウディも、自分のスタイルを変え続けた芸術家の一人です。『ガウディ伝』の著者である田澤耕氏は次のように述べています。

「ガウディには自己模倣というものがない。生み出す作品ごとに新境地を切り開いていったのである。たとえば、バッリョー邸とミラー邸は少しも似たところがない。知らなかったら、同一建築家の作品とはとても思えないだろう[137]」

ここでいう「自己模倣」とは、自分のスタイルに固執すること、つまり「有能さの罠」にはまった状態を指しますが、自己模倣から脱却するためには、意図的な自己変革の努力が必要です。

青山学院大学名誉教授の林伸二先生は、これまでの考え方や行動を捨て、新しい考え方や行動を取り入れるためには、強い認知能力や問題解決能力が必要になる、と述べています。[44]

自己変革スキル

学びを重視する学習志向が仕事の振り返りをうながし、アンラーニングが可能になることが、前章の分析によって明らかになりました。本章では、さらに一歩踏み込んで、臨床心理学やカウンセリング心理学において注目されている「自己変革スキル」の働きに注目します。

このスキルの正式名称はpersonal growth initiativeであり、正確に訳すと「自己成長主導性」となります。しかし、提唱者のクリスティーン・ロビチェックが、この概念を「変革や改善のためのスキル」と説明していることから、[115,116]本書では「自己変革スキル」と呼ぶことにします。

図表4-1に示すように、自己変革スキルは「変革の準備」、「計画性」、「資源の活用」、「意図的行動」という4つの次元から構成されています。[116]

つまり、自己変革スキルを持つ人は、「自分の中で変える必要がある部分を理解し（変革の準備）」、「自分を変えるための計画を立て（計画性）」、「変革のために必要な資源を探し（資源の活用）」、「成長の機会を見逃さないようにしている（意図的行動）」のです。

このスキルの特徴は、計画性と戦略性にあります。1章で紹介したように、ドラッカーも「計画的廃棄」の重要性を訴えていました。[28] 自己変革スキルは、前章で検討した学習志向、内省、批判的内省と密接に関わる概念ですが、変革のために何をすべきかについて具体的な活動をともなっています。

本章では、この自己変革スキルがアンラーニング、および働きがいの指標であるワーク・エンゲージメントに与える影響を分析します。

自己変革モデル

図表4-2が、「自己変革スキル」を組み込んだアンラーニングの自己変革モデルです。このモデルは、自己変革スキルを持つ人ほど、アンラーニングを実施し、ワーク・エンゲージメントが高くなることを想定しています。

図表4-1　自己変革スキルの内容

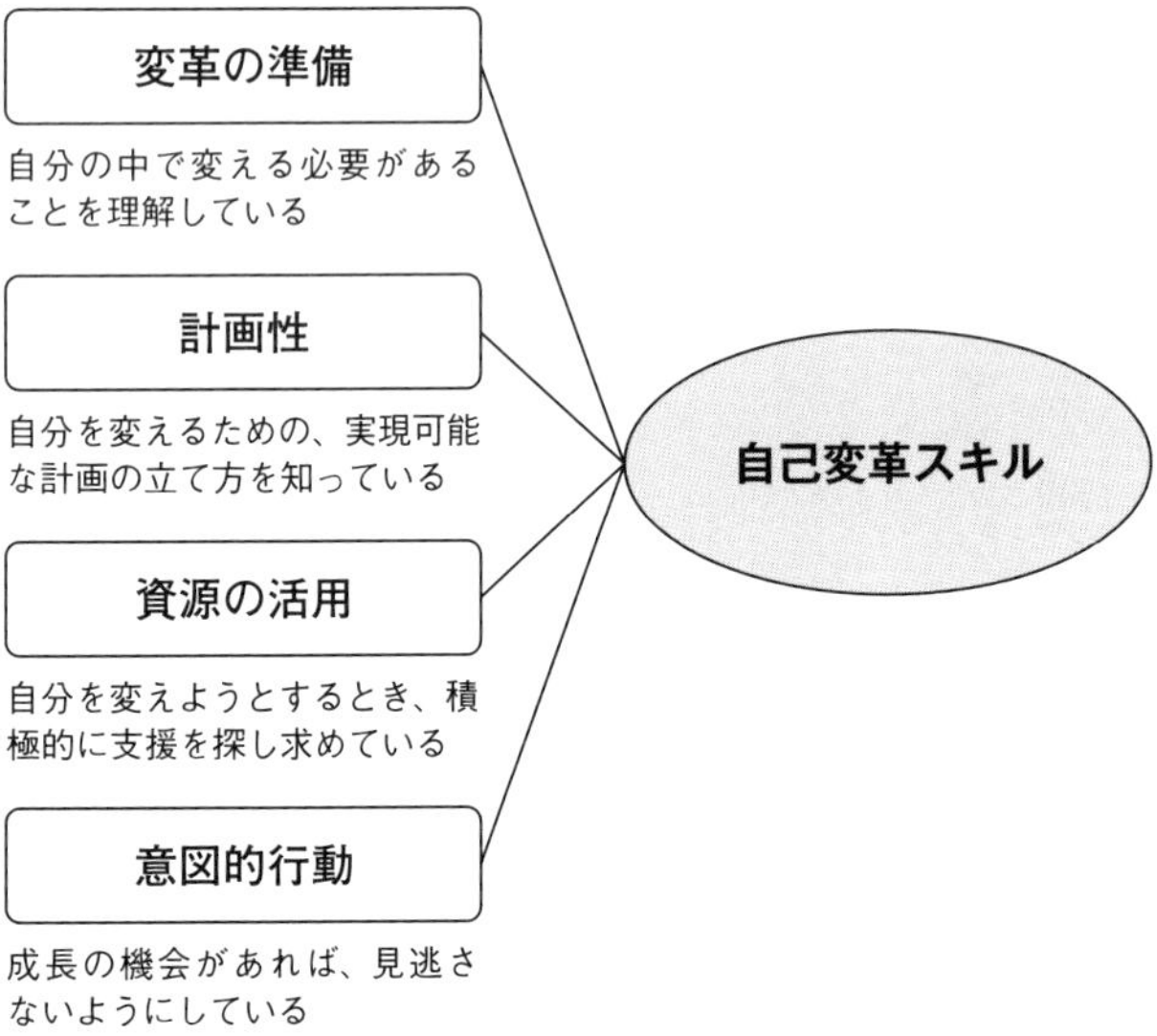
変革の準備
自分の中で変える必要があることを理解している
計画性
自分を変えるための、実現可能な計画の立て方を知っている
資源の活用
自分を変えようとするとき、積極的に支援を探し求めている
意図的行動
成長の機会があれば、見逃さないようにしている
自己変革スキル

出所：Robitschek et al. (2012) に基づき作成

ここでのポイントは、自己変革を準備・計画し、資源を調達しながら、変革の機会をうかがうスキルが、どの程度、「捨てる学習」、「入れ替え学習」としてのアンラーニングにつながっているかという点です。

本章では、このモデルを２つの調査データによって検証します。第一の調査は、米国のさまざまな業種で働く従業員３２０名を対象としたものです（このデータは、３章の内省・働きがいモデルの調査データとは別のデータです）。第二の調査は、日本の急性期病院（３病院）で働く病院職員（事務職、看護師、技師、その他）３５６名に対して実施したものです。

国や業種が異なっても類似の結果を得ることができれば、モデルの妥当性が高いと考えられます。

自己変革モデルの分析結果（米国データ）

米国の調査データを用いて、自己変革モデルを統計的に分析（共分散構造分析）した結果が図表４-３です。

これを見ると、自己変革スキルを持つ人ほど、アンラーニングを実施し、その結果として働きがいの指標であるワーク・エンゲージメントが高くな

図表4-2　アンラーニングの自己変革モデル

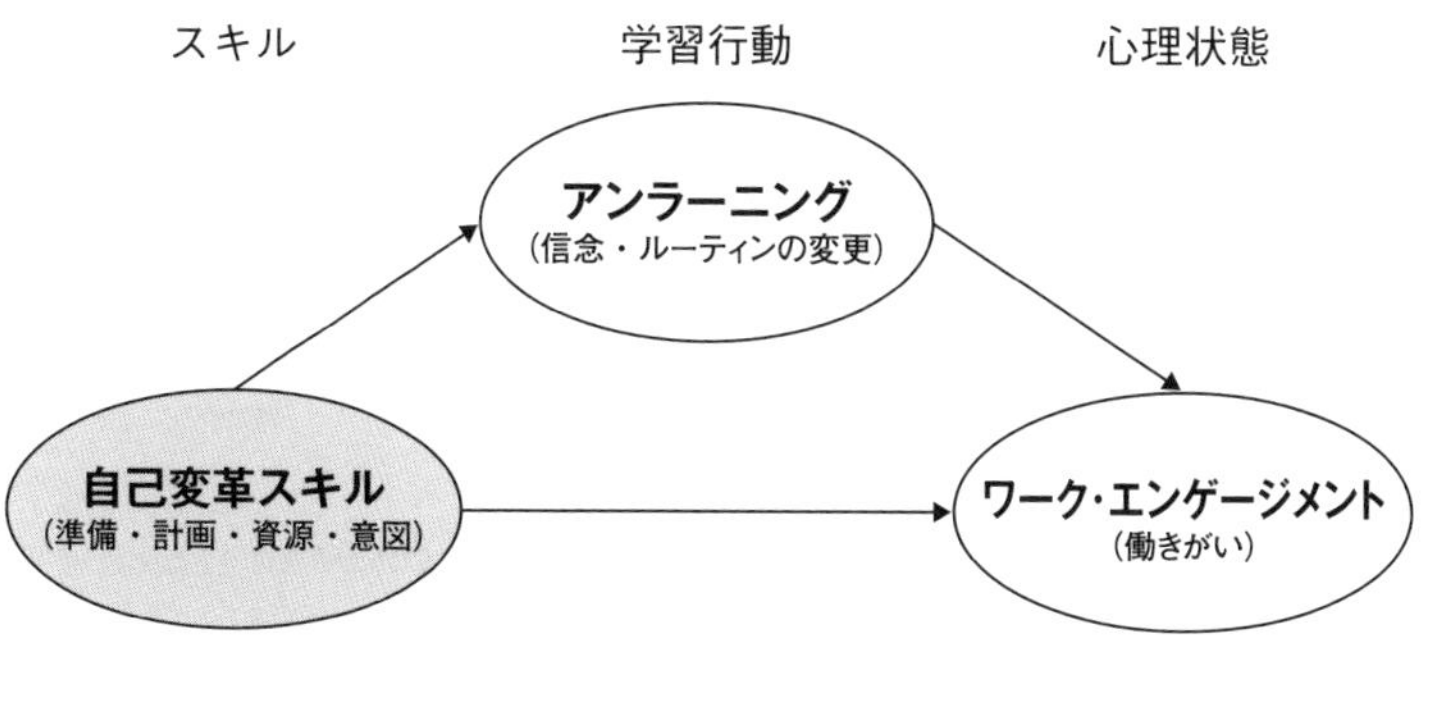

る傾向にあります（詳しい分析結果は、巻末資料Ｂ（１９２ページ）を参照してください）。また、自己変革スキルは、アンラーニングを経ずとも、直接的にワーク・エンゲージメントを高めていることもわかりました。

この結果が示唆することは次の2点です。第一に、アンラーニングを進める上で、計画的な自己変革が有効になるということです。つまり、自分の中の何を変えればよいかを準備・計画し、変革のための支援や機会を求めることが、時代遅れとなった自分の信念や仕事の進め方を変えることにつながります。

第二に、働きがいは、アンラーニングだけで決定されるわけではなく、アンラーニングをともなわない自己変革によっても影響されるということです。例えば、働き方の枠組みを変えなくても、新しい技術やスキルを導入する形の自己変革が、働きがいを高めるといえそうです。

例えば、前章で紹介した事例⑬「発信し、俯瞰する働き方」（公立学校の事務職員）を考えてみましょう。いったん仕事のスタイルをアンラーニングした後でも、提案のための情報を収集したり、教員と折

図表4-3　分析結果（米国データ）

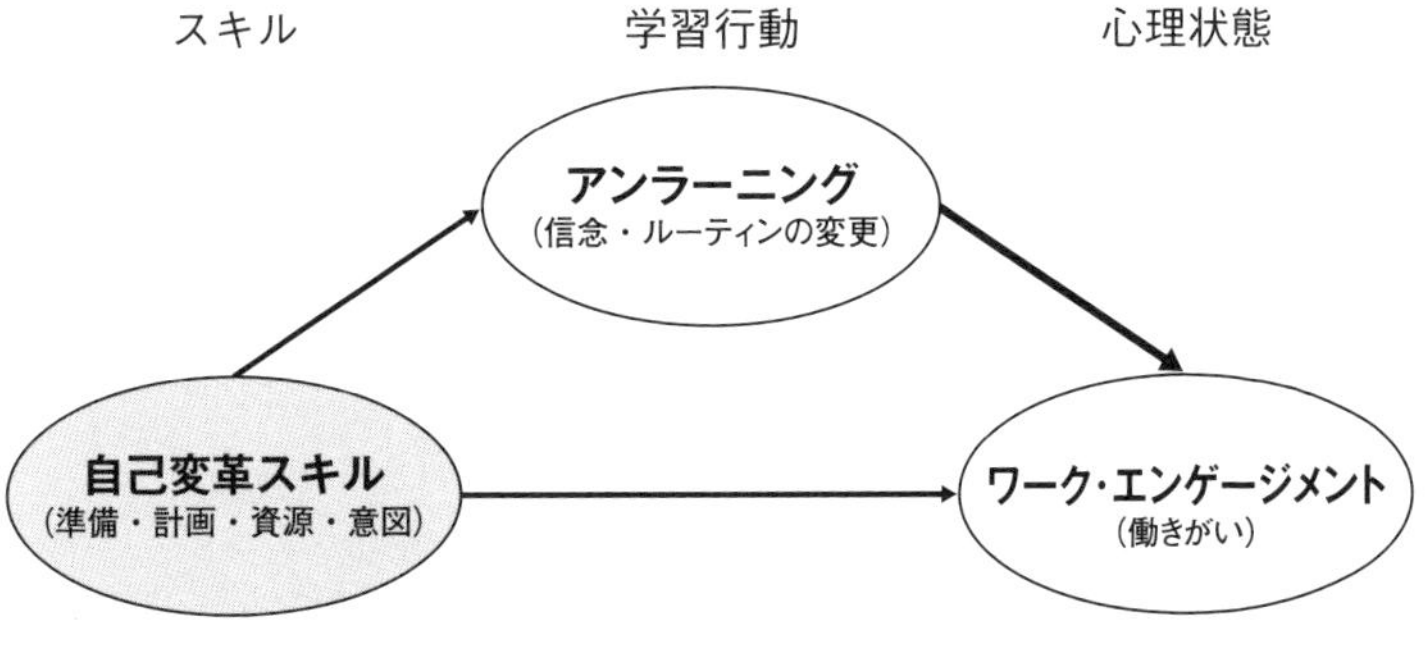

注：共分散構造分析の結果。**矢印の太さはプラスの関係の強さ**を示しています。
詳しい分析結果（標準化係数）は巻末資料B（p.192）を参照してください。

衝するときには、さまざまなスキルが必要となるはずです。そうした自己変革活動が、仕事の「やりがいや、手ごたえ」につながっていると思われます。

自己変革モデルの分析結果（国内データ）

自己変革モデルを、日本の病院職員を対象とした調査データを用いて分析した結果が図表4-4です。

これを見ると、米国データの分析結果と類似した結果が得られていることがわかります。すなわち、自己変革スキルがアンラーニングをうながし、その結果としてワーク・エンゲージメントが高くなる傾向にあります。さらに、自己変革スキルは、直接的にワーク・エンゲージメントを高めていました（詳しい分析結果は、巻末資料B（192ページ）を参照してください）。

2つのデータを分析しても同じような結果が得られたことから、国や業種・職種の違いを越えて、自己変革モデルが妥当であるといえそうです。

図表4-4　分析結果（国内データ）

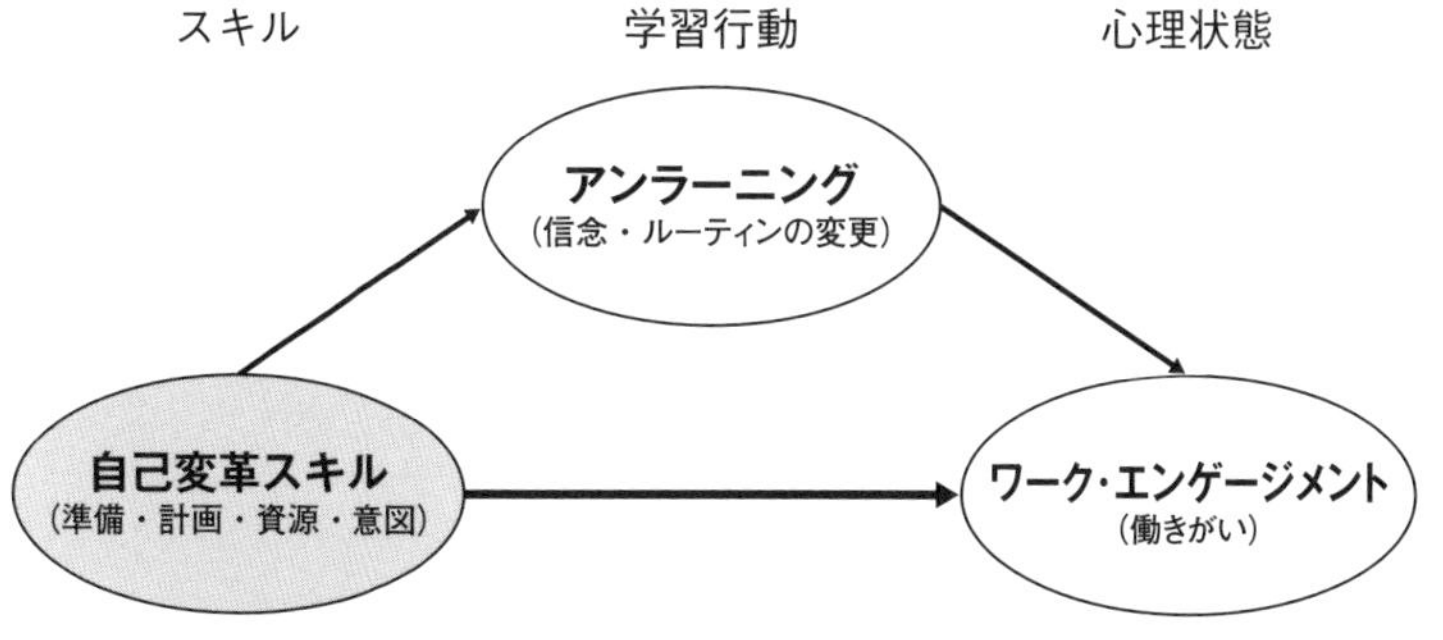

注：共分散構造分析の結果。**矢印の太さはプラスの関係の強さ**を示しています。
詳しい分析結果（標準化係数）は巻末資料B（p.192）を参照してください。

アンラーニングをうながす自己変革スキル

本章の分析結果により、自己変革のためのスキルを持つことで、アンラーニングがしやすくなることがわかりました。

自己変革スキルは、変革の準備、計画性、資源の活用、意図的行動から構成されていることから、「計画的かつ戦略的に自分を変えるスキル」を持つことが「捨てる学習」「入れ替え学習」としてのアンラーニングにつながるといえます。

なお、変革を準備したり、計画を立てるには、自身の働き方を振り返る必要がありますので、自己変革スキルは「内省」や「批判的内省」と密接に関係していると思われます。

ただし、自己変革スキルの特徴は、内省だけでなく、積極的に他者から支援を得たり（資源の活用）、成長の機会を常に探すこと（意図的行動）という活動が含まれている点に留意してください。

2章では、アンラーニングの阻害要因として「技術・スキルの習得の難しさ」、「過去の習慣・心理的抵抗」、「職場の理解不足」が挙げられましたが、こうした阻害要因を乗り越えるためにも、「他者支援」や「成長機会の探索」が必要になると考えられます。

例えば、上司や先輩にコーチやメンターになってもらうようにアプローチすることも有効でしょう。

参考研究：自己変革スキルを高める学習志向

参考までに、自己変革スキルがどのように決定されるかについて分析した研究結果を紹介しておきます。ある急性期病院の看護師365名を対象とした調査データを用いて分析したところ、図表4-5に示すような結果が得られました。

この分析では、「心理的エンパワーメント」という新しい要因が組み込まれていますが、この概念を一言でいうと「仕事を自分でコントロールしている感覚」です。[129,130]

具体的には、自分の仕事に意義を感じ、仕事を遂行する上で必要な能力を持ち、仕事の進め方を自分で決めることができて、仕事の結果に影響力を持っているという感覚のことを心理的エンパワーメントといいます。

ちなみに、この心理的エンパワーメントが高いほど、3章や本章で分析したワーク・エンゲージメントが高まることがわかっています。[9,142,148] すなわち、仕事のコントロール感である心理的エンパワーメントが高い人ほど、働きがいの総合指標であるワーク・エンゲージメントも高くなるのです。

図表4-5を見てください。分析の結果、学びを重視する「学習志向」を持つ人ほど、自己変革スキルが高まり、自己変革スキルが、仕事をコントロールしているという感覚である「心

理的エンパワーメント」を高めていました（詳しい分析結果は、巻末資料B（196ページ）を参照してください）。

一方、挑戦的仕事をしているかどうかは、自己変革スキルに影響を与えておらず、直接的に心理的エンパワーメントを高めていました。これは、単に挑戦的な仕事をしていれば、自己変革スキルが高まるわけではなく、学びを重視する目標を持っていて初めて、自分を変えようという行動が喚起されることを示唆しています。

ただし、挑戦的な仕事を任されるということは、信頼されている証拠でもありますので、有能感や自己決定感と関係する心理的エンパワーメントを高める効果を持つのです。

3章において分析した「学習志向」の重要性が、ここでも明らかになりました。つまり、新しい知識を学びたいと思う気持ちが強いほど、自分を意図的に変えていこ

図表4-5　分析結果（自己変革スキルの決定要因）

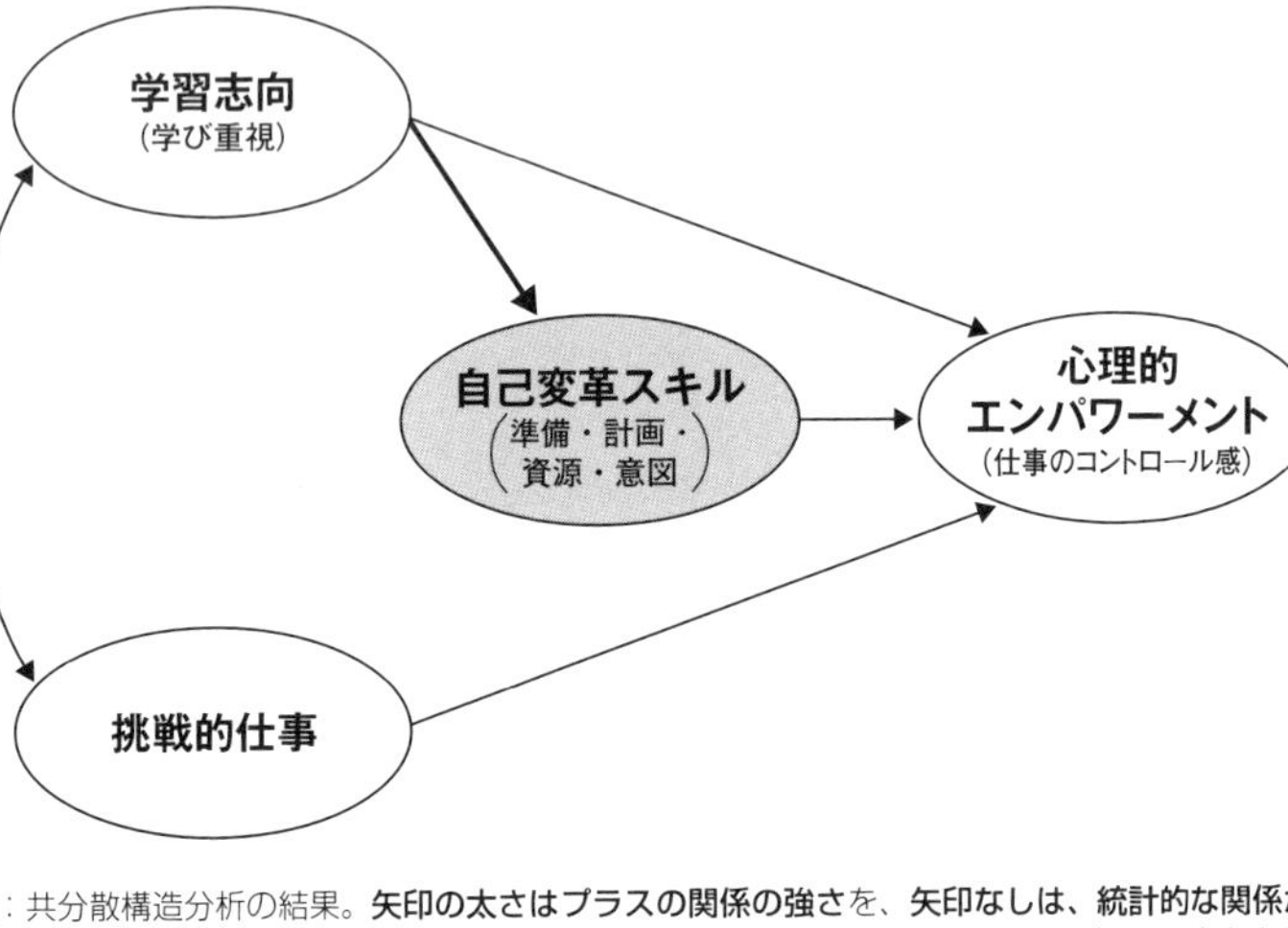

注：共分散構造分析の結果。**矢印の太さはプラスの関係の強さ**を、**矢印なしは、統計的な関係がなかった**ことを示しています。詳しい分析結果（標準化係数）は巻末資料B（p.196）を参照してください。

うとするスキルを持つようになり、その結果、自分の仕事をコントロールしている感覚が高まります。

自己変革スキルによるアンラーニング事例

ここで、自己変革スキルによってアンラーニングすることができた2つの事例を紹介します。いずれの事例においても、「より成長したい」という学習志向を持つ人たちが、自分の考え方や仕事の進め方を計画的・意図的に変えています。また、自己変革スキルを発揮するプロセスにおいて「内省」や「批判的内省」が行われていることがわかります。

なお、事例における（　）内の記述は著者による注釈です。

事例⑭「メンバーと方向性を共有」（テレビ局の社員）

この事例は、部門異動をきっかけに従来の働き方の限界を感じ、自己変革したテレビ局社員のケースです。

「入社以来、20年ほど所属していた文化事業部では、少人数で専門分野を深く掘り下げていく仕事をしていました。要は、まず個人がある程度仕事を完成させてから、部署内で共有するスタイルです。

ところが、2年前に人材開発部に異動してみると、『違う会社じゃないか』というくらい仕事内容が異なり、『このままでは自分はダメだ』という危機感を持ちました。そこで大幅に仕事のアプローチを変えることにしたのです（変革の準備、計画性）。

異動直後は、前の仕事の仕方を引きずっていて、自分で仕事を進めてからみんなで共有するときに『ここまでやったのに今更修正するのは嫌だ』という思いがありました。しかし、そのような進め方だと成果が出ないのです。

そこで、なるべく早い時点で上長やメンバーと仕事の方向性を共有する方法に変えたところ、手戻りが少なく、たくさんのアイデアや視点が出て、結果的によい成果を生むことがわかってきました。

また、ちょうどクラウドを導入したタイミングであったり、契約社員が複数名いたので、長時間労働することなくドキュメントを共有できたため、作業効率もアップしました（資源の活用）。

さらに、社内ユニバーシティ（企業内大学）の立ち上げに関わったときは、他部署の社員やグループ会社の人たちと関わりを持つ機会があり（意図的行動）、『俯瞰して、視野を広げ、視座を高めること』、『さまざまな人の声に耳を傾ける』ことの大切さを実感しました」

この事例では、部署異動をきっかけに「個人中心の仕事の進め方」がアンラーニングされ、「チーム中心のアプローチ」へと転換されています。その過程では、自分の中で変える必要がある考え方や仕事の進め方を理解した上で、計画を立て（変革の準備・計画性）、ソフトや周囲のスタッフの支援を受けながら（資源の活用）、社内ユニバーシティの立ち上げという成長の機会を活用して（意図的行動）、アンラーニングが実践されていました。

こうしたプロセスには、内省と批判的内省が含まれていることがわかります。

事例⑮「組織的な能力開発」（国家公務員）

次に紹介するのは、専門的な部署に勤務する国家公務員の事例です。この人は、管理職への昇進を機会に、能力開発の考え方や方法についてアンラーニングをしています。

「私は、現場施設において心理分析を行うという部署に勤務しています。業務内容が専門的であるため、能力向上の方法としては、まず個人による『自己研鑽』が重視される雰囲気がありました。自分も外部の研究会や講習等に参加して、後輩に対しても『自発的に学習する姿勢が必要』

という価値観で接していました。

しかし、自分より経験年数の多い職員を部下に持つことになったことで、どうしても能力、センス、意欲にはばらつきがあることが問題となることがわかりました。そこで、『職務能力の向上を個人の意識や努力に任せる』という考え方を捨てる必要性を感じました（変革の準備）。

具体的には、『経験年数や得意・不得意にばらつきがあるのは当然』という発想に切り替え、業務の遂行や能力開発を『組織的にチームで進めるアプローチ』に改めようとしました（計画性）。

また、業務に着手した初期段階では、短時間でもメンバー同士が意見交換をし、方針についての助言を受けたり、業務の進捗を共有する場を設けました。

その結果、経験年数にかかわらず、職員それぞれに得意分野があり、若手が中堅職員に参考になるコメントをする場面ができるなど、チームとしての職務能力が上がりました。また、外部講師を招くなど、個人の努力だけでなく、職務に関連した研修を企画し共有することもできたことも収穫でした（意図的行動）。

なお、私の上司が、職員の育成に関心が高く、さまざまな機会をとらえて、助言・指導をしてくれたり、勉強会などで講師をお願いすれば引き受けてくれたのもありがたかったです（資源の活用）」

この事例では、管理職昇進をきっかけに、「自己研鑽型の能力開発」の考え方がアンラーニングされ、「組織的な能力開発法」へと転換されています。そのプロセスでは、以前の考え方の限界を理解した上で変革を計画し（変革の準備・計画性）、上司の支援を受けながら（資源の活用）、業務進捗の場を設けたり、外部講師による勉強会を開催することを通して（意図的行動）アンラーニングが行われ、働きがいも高くなっていることがわかります。

理論的な発見

これまでの研究では、アンラーニングのために、内省や批判的内省が必要になることは指摘されていましたが、アンラーニングの具体的な方法論については曖昧にされてきました。

この課題に対し、本章では、臨床心理学やカウンセリング心理学において検討されてきた自己変革スキル（正式には、自己成長主導性[42,115,116,117,125,149]）が、アンラーニングを進めるために有効であることを示した点に理論的な意義があります。

また、この「自己変革スキル→アンラーニング」の関係が、日本と米国のデータ両方で確認できたことは、本章におけるモデルが文化を越えて一般化できることを示しています。

実践のポイント

岡本太郎氏やガウディのように、自分のスタイルを固定化する「自己模倣」から脱却するためには、学習志向や内省・批判的内省に加えて、自己変革のスキルが必要になります。

実践における留意事項は以下の通りです。

意識的に変革をデザインする

異動や昇進などがきっかけで、自分の仕事の進め方が「機能しなくなった」と感じたら、意識的に変革をデザインしましょう。

まず、何を変えればよいのかを見極める「変革の準備」に取り組む必要があります。このときに大切なのは、3章で検討した「内省」や「批判的内省」です。特に、自分の中で「当たり前」になっている考え方や仕事の進め方を見直すことが大事になります。

そして、変革するための実現可能な「計画」を立て、試行錯誤を重ねながら、その計画を実行します。先ほどの事例でいうと、「個人中心の仕事の進め方から、チーム中心のアプローチへ」、「自己研鑽型の能力開発の考え方から、組織的な能力開発法へ」と変革を実行するようなイメージです。

周囲からの協力を得る

自分の力だけでアンラーニングを実践することには限界があります。そこで必要なことは、外部からの支援を求める「資源の活用」と、さまざまな成長機会をとらえる「意図的行動」です。

テレビ局の社員は、社内ユニバーシティの立ち上げによって知り合った他部署の社員や、グループ会社の社員と交流することで、モノの見方を大きく変えていました。

国家公務員は、人材育成に関心の高い上司に勉強会の講師を依頼するなど、自分の周りにある資源を活用しつつ、アンラーニングを実施していたことがわかります。

このように、職場内外の人材とコラボレーションしながら自己変革・アンラーニングを実践することが大切になります。

第2部（3・4章）では、アンラーニングをうながす個人的・心理的メカニズムを分析しましたが、第3部では、「上司行動」や「昇進」といった状況的要因がアンラーニングに及ぼす影響について検討します。

第4章

まとめ

■次の４要素から成る自己変革スキルが、アンラーニングを加速させます。

①変革の準備（自分の中で変える必要がある点を理解する）

②計画性（自分を変えるための現実的な計画を立てる）

③資源の活用（変革のために必要な資源を探す）

④意図的行動（成長の機会を見逃さないようにする）

■自己変革スキルを発揮するほど、「働きがい（ワークゲージメント）」が高まります。

■学びを重視する「学習志向」が自己変革スキルの獲得をうながします。

第3部

アンラーニングをうながす状況要因

第5章 上司行動とアンラーニング

導く人がなければ、どうしてわかりましょう

［新約聖書［新改訳］・使徒の働き8章31節］

ロールモデルとしての「導く人」

右の言葉は新約聖書の一節ですが、何かを学ぶとき、「導く人」が不可欠となることを示唆する聖句です。

これまでの学習理論においても、ロールモデル（手本）となる他者、コーチする他者が、個人の学習を後押しすることがわかっています。[6,19]

私は以前、救急救命医師が経験からどのように学んでいるかについて研究したことがあります。[80]そこでわかったことは、医師の成長の過程において、かならずといってよいほどロールモデルとなる上級医師が存在し、彼らが若手医師を導いているということです。

この傾向は、他の医師（公衆衛生医師と心臓外科医師）の熟達研究においても見られたことから、[63,140]「導く人」の存在が高度なプロフェッショナルの成長に強く影響することがわかります。

2章における分析でも、「上司・同僚など他者の行動」がアンラーニングのきっかけとなっていました。さらに、立教大学の中原淳先生の研究においても、上司の支援が、中途採用者のアンラーニングを後押ししていることがわかっています。[99,100]

こうした点を踏まえ、本章では「職場の上司の活動が、部下のアンラーニングに、どのような影響を与えるか」という問いを検討します。

なお、本章では「職場において、影響力のある代表的な他者」として「直属の上司」の影響を分析しますが、上司の上司、同僚、部下・後輩、他部門の管理職、取引先の担当者、顧客なども、アンラーニングに影響を与えることを忘れないでください。

上司の影響力モデル

本章で着目するのは、上司による「探索的活動」です。探索的活動とは、実験的試みを通して新しい知識を獲得しようとする活動[37,70,77]、すなわち「革新的行動」を指します。

例えば、1章で紹介した採用方法の変革事例を思い出してください。それまで人事部中心で進めていた新卒採用を、全社で一致団結しながら進める体制へと変えたのが、特定のマネジャーであったとしたら、その人は「探索的活動」をしているといえます。

図表5-1に示すように、本章では、職場の上司が「探索的活動」をするほど、部下の「学習志向」や「内省」がうながされ、「アンラーニング」が行われると予想しました。モデルにおけ

る「学習志向→内省→アンラーニング」という経路は、3章の発見を踏まえたものです。

なお、このモデルの中に「批判的内省」が含まれていないのは、統計的に分析をした結果、測定において十分な信頼性・妥当性が確認できなかったためです。

ただし、3章の分析でも示されたように、内省は批判的内省の基盤となる働きをしていることから、モデルに組み込む意味は大きいと考えました。

分析において着目したいことは、上司の探索的活動が、部下の「学習志向」、「内省」、「アンラーニング」に対してどのような影響を与えているかという点です。

具体的には、上司の行動が、「学習志向」のみに影響を与えているのか、それとも「内省」や「アンラーニング」に対して直接的に影響を与えているのかに注目したいと思います。

図表5-1　上司の影響力モデル

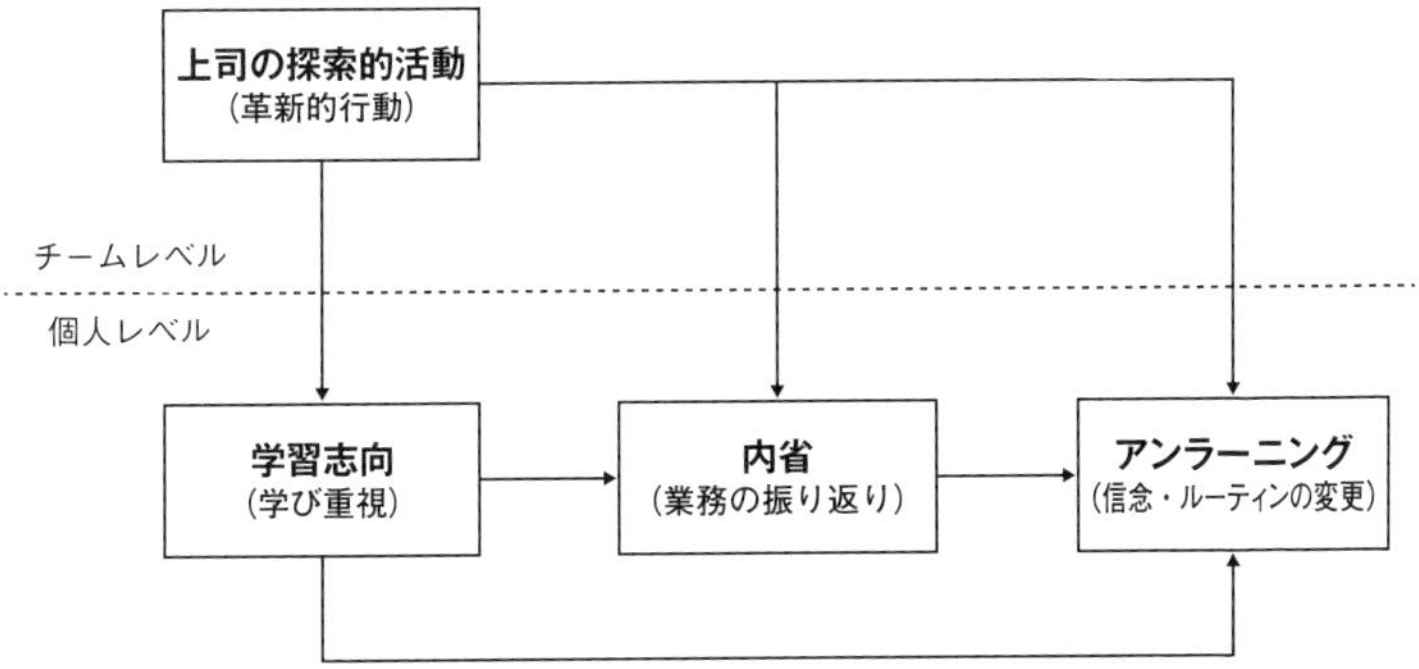

管理者の探索的活動

ここで探索的活動について簡単に解説しておきます。

管理者の探索的活動は、組織学習の研究から生まれた概念です。ジェームス・マーチによれば、「活用（exploitation）」が、既存の枠組みにおいて、業務を改善・拡張する活動であるのに対し、「探索（exploration）」は、実験的試みを通して新しい枠組みを見つけようとする活動です[77]。

「活用」に重きを置く組織は、「既存」の資源を使い、「既存」の製品やサービスを、「既存」の顧客に提供しようとするのに対し、「探索」に重きを置く組織は、「新しい」知識を用いて、「新しい」製品やサービスを開発し、「新しい」顧客に提供する傾向があります[58]。

なお、多くの企業は「探索」よりも、短期的な利益が期待できる「活用」を重視する傾向があることがわかっています[33]。「探索」と「活用」のバランスをとりながらマネジメントすることは、「両利きの経営（ambidexterity）」と呼ばれ、長期的な企業業績を維持するために不可欠です[109,113,131]。

この両利きの経営は、個人レベルでも検討されています[10,69]。本章では、マネジャーの両利き活動を検討したトム・モムらの研究[96,97,98]に基づき、上司の探索的活動が部下のアンラーニングに与える影響を分析します。

モムらによれば、探索的活動を行うマネジャーは、新しいルーティンを探索し、実験的に新しいアプローチをビジネス・プロセスに取り込み、既存の信念を再考する傾向にあります。

なお、マネジャーの探索的活動は、次のような項目によって測定されています（波線は筆者）。

- 製品、サービス、業務プロセス、市場について、新しい可能性を調べている
- 製品、サービス、業務プロセスを大幅に変更しようとしている
- 新しい知識やスキルを学ばなくてはならない活動に関わっている

こうした活動に従事しているマネジャーの部下は、上司の革新的なスタイルをロールモデル（手本）とすることで、「学習志向」が高まり、自身の業務に対する「内省」が刺激され、「アンラーニング」がうながされると予想しました。

日本の職場では、よく「背中を見て学べ」ということが強調されますが、一方で、こうした指導方法は時代遅れである、という批判も耳にします。本章の分析は、「背中を見て学べ」、「背中で教えろ」という方法が、本当に時代遅れで古いのかどうかを検証するものでもあります。

上司の影響力モデルの分析結果

製薬会社A社の従業員115名（23チームに所属）が回答した調査データを用いて統計分析（マルチレベル分析）を行ったところ図表5-2のような結果が得られました。

矢印の太さはプラスの関係の強さを、矢印がない場合には、統計的な関係が認められなかったことを示しています（詳しい分析結果は巻末資料Ｃ（１９９ページ）を参照してください）。

これを見ると、上司の探索的活動が直接的に関係しているのは学習志向のみであることがわかります。つまり、上司が革新的な行動をとるほど、部下が持つ「学びを重視する」学習志向が高まるのです。

これは、上司の探索的な活動がロールモデルとなって、部下の学びの思いを刺激しているためだと解釈できます。

次に、個人レベルで見ると、学習志向が高い人ほど内省する傾向があり、この内省がアンラーニング（信念・ルーティンの変更）をうながしていました。つまり、3章の分析と同様に、「成長したい」という思いが原動力となって、業務を振り返るようになり、それがアップデート型の学習につながると思われます。

今回の分析モデルには「批判的内省」が組み込まれていませ

図表5-2　アンラーニングと上司の影響力モデルの分析結果

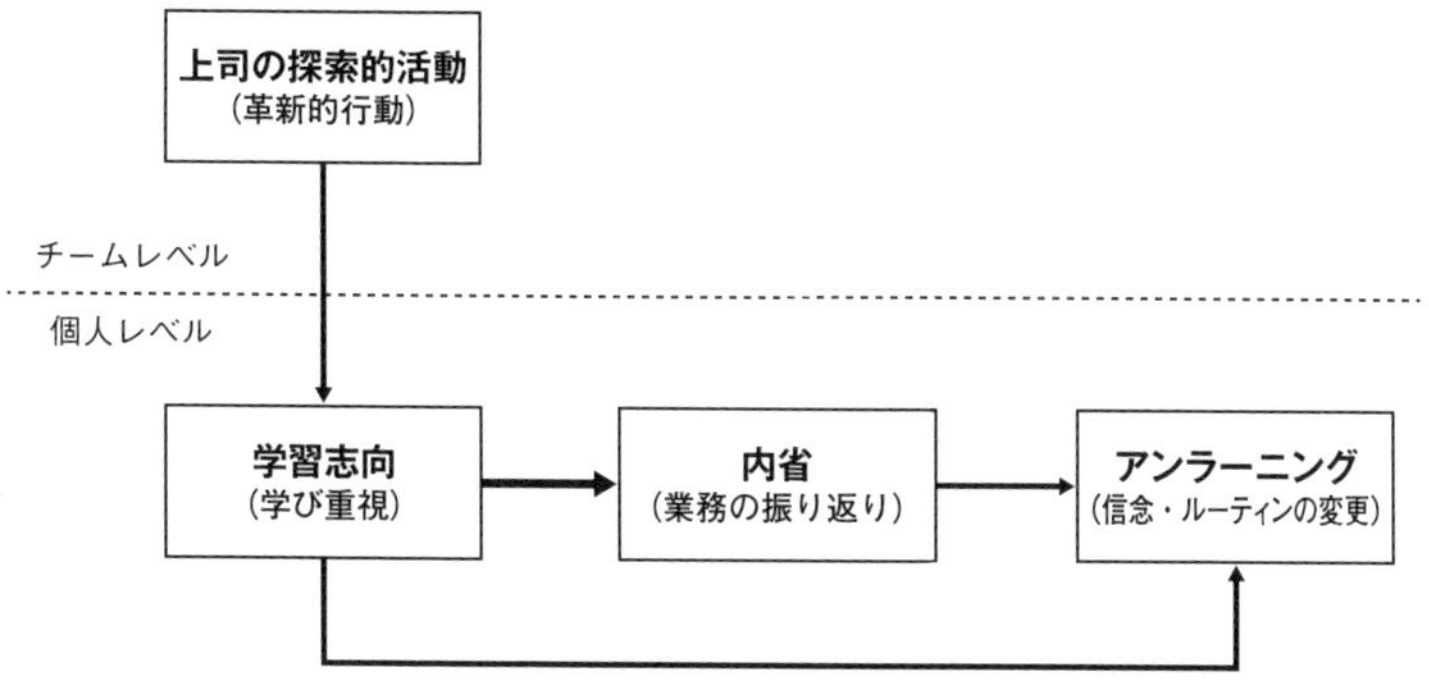

注：マルチレベル分析の結果。**矢印の太さはプラスの関係の強さ**を、**矢印なしは、統計的な関係がなかった**ことを示しています。詳しい分析結果（標準化係数）は巻末資料C（p.199）を参照してください。

んが、一般的な内省であっても、仕事の変革を促進する効果があることがわかりました。

また、注目したいのは、学習志向がアンラーニングを直接的に高めていたことです。3章の分析では「学習志向→アンラーニング」のダイレクトな関係は認められませんでしたが、今回の分析では統計的に意味のある影響が確認できました。これは、振り返り活動を経由せずとも、学びの思いがアップデート学習としてのアンラーニングを後押しする場合もあることを意味しています。

学習志向を媒介した上司の影響

分析結果において注目したいことは、上司の探索的活動が、部下の学習志向を媒介して、内省およびアンラーニングをうながしていたという点です。

探索的活動に従事している上司は、新しい可能性を探るマインドを持っていると思われますが、そのマインドが部下の「学びの思い」である学習志向を刺激したのでしょう。これは、革新的な上司をロールモデルとして、モデリング（模倣学習）が生じ[6,44]、高まった学習志向が内省とアンラーニングを後押ししていると解釈できます。

つまり、「上司の思いが伝染して、働き方を見直すようになった」と考えられ、この分析結果は「背中を見て学ぶ」、「背中で教える」という方法が有効であることを示しているのです。

また、3章の結果と同様、学習志向が内省やアンラーニングを方向づけることがわかりました。こうした結果は、学習志向が、セルフコントロール力（自己調整力）を活性化することで[11,35,144,147]、業務の振り返りやアップデート型の学習を「ガイド」していると考えられます。

「部下の学ぶ姿勢やアンラーニングをうながしたいけれども、上司としてどう関わればよいかわからない」と悩んでいる管理職のみなさんは、まず上司自らが日々の仕事で新しいチャレンジに取り組み、そして、その姿勢を部下に示してください。つまり、上司自身の挑戦する姿勢が部下の学習志向をうながし、職場の変革へとつながっていくのです。

その背景には、上司の持つ学習志向や内省が、部下の学習志向や内省を刺激している可能性があります。この点については、さらに研究を進める必要があるでしょう。

上司行動とアンラーニングに関する事例

次に、上司による探索的活動に刺激されて学習志向が高まり、内省しながらアンラーニングを実行した3つの事例を紹介します。いずれも、チャレンジングな上司の背中を見て学ぶことで、自身のノウハウをアップデートしているケースです。

事例⑯「記者目線の発表方針」（企業・広報部門の社員）

最初の事例は、新しい上司に影響を受けて、働き方を変えた広報部門の社員のケースです。

「私が働く広報部門では、作成した広報発表文書を、社内で一字一句確認した上で発表する方針がありました。

しかし、新しい部門長が就任したことで、広報発表に対する方針に変化がありました。細かく確認することよりも、『見出しやリード文をいかに記者や読者にわかりやすく伝えるかを工夫した発表』へと方針が変わったのです。

こうした流れの中で、私自身も、『他者から承認を得ることより、自分の提案を重視し、主体性を発揮する』ように自分自身の考え方も入れ替えました。

その結果、承認を得るという手段が目的化することなく、社内承認もとりやすくなり、かつ、記事掲載やメディア露出にもつながり、広報発表の効果が最大化できました」

この事例では、「読み手にとってわかりやすい広報」という革新的な方針を持つ上司の影響によって学習志向が高まり、自分自身も主体的に提案する気持ちが喚起され、広報のあり方を再検討することにつながっています。

事例⑰「エッジを効かせた委員会運営」（国家公務員）

次に、上司の交代を機に、従来型の仕事の進め方を変えた国家公務員の事例を紹介します。

「国の審議会の進め方として、従来は『各界の代表的な委員をバランスよく集め、事務局が議論の範囲を決めて作ったシナリオで進めていく』という方法をとっていました。つまり、議論の結論をあらかじめ考え、そこに向かうための道筋を考えるというアプローチです。

しかし、組織のトップが変わり、『立場・肩書・業界のバランスにとらわれず、エッジの効いたアイデアを持っていて、議論に貢献してもらえるかどうか』という観点で委員の選定を行うように方針が変更になりました。

その影響もあり、私たち事務局が議論の範囲を決めず、委員主導で自由にテーマを拡張してもらうように工夫しました。また、『事務局が小ぎれいに議論をまとめて無難な結論作りをする』のを止め、全員参加のディスカッション形式も導入したのです。

その結果、『委員発言のエッジ』を生かした報告書を作ることができました」

この事例では、国家公務員としてはかなり革新的な考えを持った上司が異動してきたことで、それまでの「無難な報告書」という方針が棄却され、エッジの効いた報告書作りへと変化しています。こうした方針転換を受け、回答者自身が創意工夫している様子も見て取れることから、メンバーの学習志向が高まり、振り返りがうながされていると考えられます。

事例⑱「事例検討会の活用」（行政保健師）

最後に、上司の先進的な取り組みによって、働き方を変えた行政保健師の事例を紹介します。

「以前は、個別のケース（住民）を支援する上で、担当保健師が自分自身で考えて対応するというアプローチをとっていました。

しかし、上司が、さまざまな個別事例を共有しながら、複数メンバーで議論し合う『事例検討会』を実施しており、私も、検討会に参加して個別事例を報告するようにすすめられました。

それからは、『自分だけで考える』という方法を止めて、自分が関わったケースを事例検討会で発表し、保健師の先輩や、他職種の方々の意見を聞き、それを受けて自身の業務を遂行するようにしました。

その結果、さまざまな意見をもらうことによって『担当するケース（住民）から拒否されている』と思っていた事例についても、視点が変わり、結果的にケースから受け入れてもらうことができ、必要な支援を提供することが多くなりました」

この事例においても、「事例検討会」という先進的な取り組みをしている上司の影響で、他メンバーからのフィードバックを受けながら、業務のあり方を振り返り、仕事のアプローチを見直していることが伝わってきます。

理論的な発見

本章では、上司の革新的行動が、学習志向や内省を媒介して、アンラーニングを後押ししていることが確認されました。これに関係し、上司による内省支援が中途採用者のアンラーニングを促進していたことが明らかにされていますが[99,100]、一方で、管理職を対象とした研究においては、上司の支援がアンラーニングをうながしていなかったことが報告されています[52]。

これらの研究と本章の分析結果を比較すると、上司の支援が部下のアンラーニングをうながすためには、2つの条件が必要になることがわかります。第一の条件は、「上司の行動が革新的なモデルとなっている」必要があるという点です。つまり、単なる支援ではなく、上司自らが「チャレンジの仕方を背中で教える」ことが大事だといえます。

第二の条件は、そうした上司の行動が、部下の「学習志向」や「内省」を刺激するかどうかです。

これまでの研究では、学習志向を高める状況要因については十分に検討されているとはいえません。[145]こうした現状を踏まえると、本章の分析結果は、学習志向の決定要因を、「上司の行動」の観点から明らかにしたという学術的な意義があると思われます。

実践のポイント

統計分析の結果および事例から、「導く人」としての上司が、部下のアンラーニングに大きな影響力を持つことがわかりました。

ここで、実践のポイントを1つ挙げておきます。

革新的な他者をロールモデルとする

探索的で革新的な上司の下で働いている人は、上司をロールモデルとして「背中を見ながら」アンラーニングすることが可能です。その際、活動内容だけでなく、上司の持っている「学びの姿勢」や「成長しようとするマインド」を見習うことが重要となります。なぜなら、この姿勢やマインドが、深い内省を導き、自分の仕事を見直すアンラーニングにつながるからです。

事例⑯で紹介した広報部門の担当者も、革新的な上司の刺激を受けながら、「自分の提案を重視し、主体性を発揮するように自分自身の考え方も入れ替えました」と述べています。

ただし、革新的な上司は多くないのも事実です。そのような場合には、現状を変えようという気持ちが強い職場の「先輩、同僚、後輩」から学ぶこともできます。また、他部門や組織外において革新的な活動をしている人と関係を結び、その人たちから知的刺激を受けることもできるはずです。さらに、イノベーションを進めている組織の経営者や役員もロールモデルになるでしょう。

関西学院大学の松本雄一先生は、職場でも家庭でもない、第三の居場所としての「実践共同体（学びのコミュニティ）」が、個人の成長にとって大切な働きをしていることを指摘しています。[79]

また、法政大学の石山恒貴先生も、副業、ボランティア、地域コミュニティ活動等、自分が所属する「枠」を越えて、「越境」して学ぶことが有効であることを明らかにしています。[54]

組織内外のプロジェクト、活動、勉強会、研究会、交流会に参加することによって、「革新的な他者」と出会い、学び合うことで、成長マインドを醸成することができるはずです。

次章では、「昇進」という状況要因がアンラーニングに与える影響について考えます。

第5章

まとめ

■革新的な上司の「背中を見て学ぶ」ことで「学習志向」が高まります。

■「学習志向」が原動力となり、業務の振り返り（内省）やアンラーニングが進みます。

■他部門、外部組織、コミュニティで革新的モデルを見つけて、「学習志向」を醸成しましょう。

第6章

昇進とアンラーニング

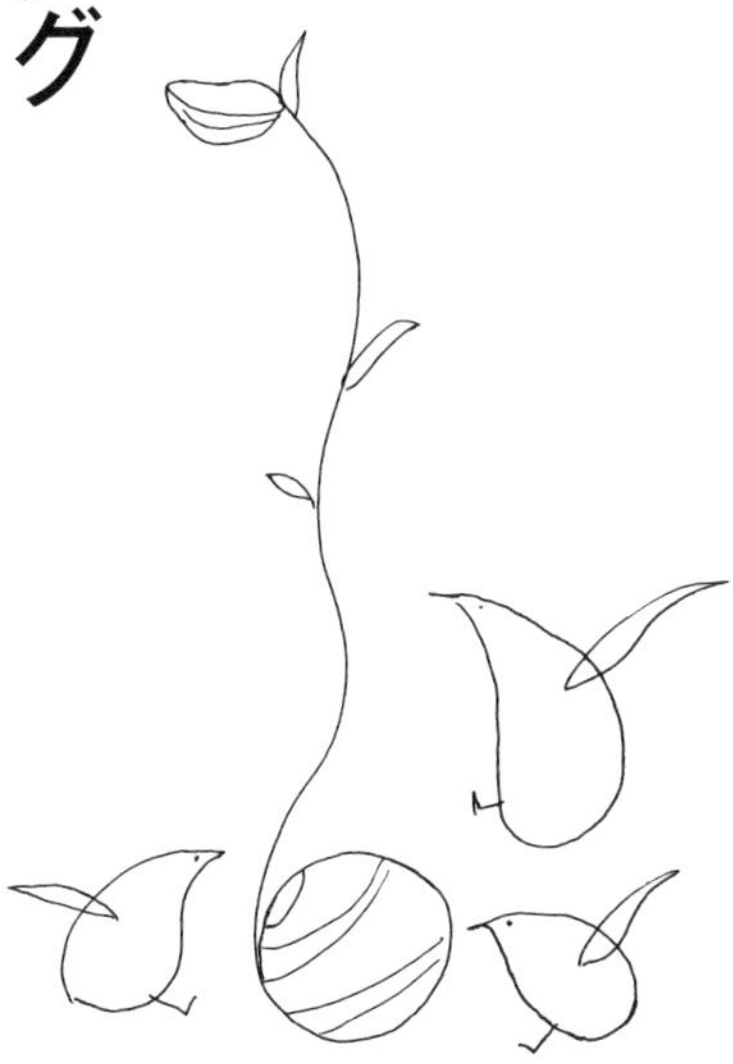

小我を捨てて大我に生きる

［神谷美恵子[59]］

小我を乗り越える

長い職業人生において、「働きがい」の性質も変化していきます。ハンセン病患者の治療に尽力した精神科医・神谷美恵子氏は、著書『生きがいについて』の中で、次のように語っています。

「小さな自我に固執していては精神的エネルギーを分散し、消耗するほかなかったものが、自己を超えるものに身を投げ出すことによって始めて建設的に力を使うことができるようになる。これはより高い次元での自力と他力の統合であるといえる[59]」

同様に、臨床心理学者のエリク・エリクソンも、成人期における人間の発達課題として、「次の世代を確立し、導くことへの関心（generativity）」を挙げています。[32]

つまり、自分のことだけでなく、「他者を含む社会」に目を向けることで、人間として大きく成長できるのです。

上級マネジャーの昇進とアンラーニング

組織において、「小我を捨てて大我に生きなければならない」転換期が、事業部長から事業統轄役員への昇進のときです。なぜなら、「事業部長」は、事業部という王国を支配する王様のような存在であるのに対し、複数の事業部をマネジメントする「事業統轄役員」は、小国の王様（事業部長）たちを応援する立場になるからです。[18]

つまり、「俺が、俺が」、「私が、私が」という自分中心のマインドセット（小我）を捨て、会社全体や部下の成功を喜ぶマインドセット（大我）へと転換することが求められます。

ただし、事業統轄役員に昇進したときには、マインドセットだけでなく、事業部長時代に使っていたスキルをアンラーニングし、役員に必要なスキルを習得するアップデート型の学習をしなければなりません。

本章では**「事業部長から事業統轄役員に昇進する際に、マネジャーは、どのようにマネジメント・スキルをアンラーニングしているのか」**という問いを検討します。

分析結果を示す前に、マネジメント・スキルのモデル、および「上層部（upper echelons）パースペクティブ」と呼ばれる考え方について解説します。

マネジメント・スキル

マネジメント・スキルを説明する際によく用いられる2つのモデルがあります。

第一のモデルは、ロバート・カッツによる「テクニカル・スキル（専門的能力）」、「ヒューマン・スキル（対人能力）」、「コンセプチュアル・スキル（概念化能力）」から構成されるモデルです。[61] スタッフ、ミドルマネジャー、上級マネジャーと階層が異なると、これら3つのスキルのウエイトが変わり、[26] 特に上級マネジャーになるほど、意思決定に関するコンセプチュアル・スキルの重要性が増すといわれています。[61]

2つ目は、ミンツバーグが提唱する「マネジャーの役割モデル」です。このモデルによれば、マネジャーは「情報的な役割（組織内外の情報を収集・共有・発信すること）」、「対人的な役割（部下を動機づけ、他部門や外部と関係を構築すること）」、「意思決定的な役割（資源を配分し、変革を実施すること）」という3つの役割を持っています。[93,94]

カッツとミンツバーグのモデルは、「ヒューマン／対人」、「コンセプチュアル／意思決定」という点で対応していますが、テクニカルと情報においてやや異なっているといえます。

これら2つのモデルの枠組みは、係長、課長、部長、役員といったすべての階層のマネジャーに適用することができます。ただし、求められる役割は階層によって異なるため、昇進の階段を上るたびに、スキルの入れ替えが必要となるのです。

上級マネジャーの能力とアンラーニング

組織階層が上がるにつれて、マネジャーの影響力はより強くなっていきます。

上層部のマネジャーによる状況認識や意思決定が、組織の成果に大きな影響を与えるという考え方は「上層部パースペクティブ（upper echelons perspective）」と呼ばれています。[39][40][41][78][128]

上級マネジャーは、激変する環境のかじ取りをするために、ミドルマネジャーとは異なる、高度なマネジメントスキルを獲得しなければなりません。[1]

具体的にいうと、単一の事業部をマネジメントする事業部長から、複数の事業部をマネジメントする事業統轄役員に昇進した際には、自分の成功を喜ぶマインドを捨て、他者（部下である事業部長）の成功を喜ぶマインドを持たねばならないといわれています。[18]

しかし、これまでの研究において、昇進にともない上級管理職のマネジメント・スキルがどのように変化するかについては明らかになっていません。

そこで本章では、すでに述べたように、「事業部長から事業統轄役員に昇進する際に、マネジャーは、どのようにマネジメント・スキルをアンラーニングしているのか」という問いを検討します（図表6-1）。

もちろん、昇進にともなってマネジメント・スキルが変化することは、「係長から課長」、「課長から部長」においても共通していると思われます。ただし、その変化の度合いが最も大きいのが「事業部長から事業統轄役員」への昇進なのです。[18]

本章では、最も変化が大きいとされる昇進時に、どのようなアンラーニングが行われるかを明らかにします。

調査について

本章の問いを検討するために、国内46社（大企業・中堅企業）の事業統括役員に対してインタビュー調査を実施しました。調査においては、各社において「社長候補である各部長」が、「このような経営者になりたい」と思うような優れた事業統轄役員を選び、インタビューを行っています（詳しい調査方法については資料D（200ページ）を参照してください）。

インタビューにおける主要な質問は、「事業部長から事業統括役員に昇進する際に、どのように自身のマネジメント・スキルを変革・修正したのか」、「事業部長時代に用いていたマネジメント・スキルのうち、使用しなくなったスキルは何か」です。

図表6-1　昇進モデル

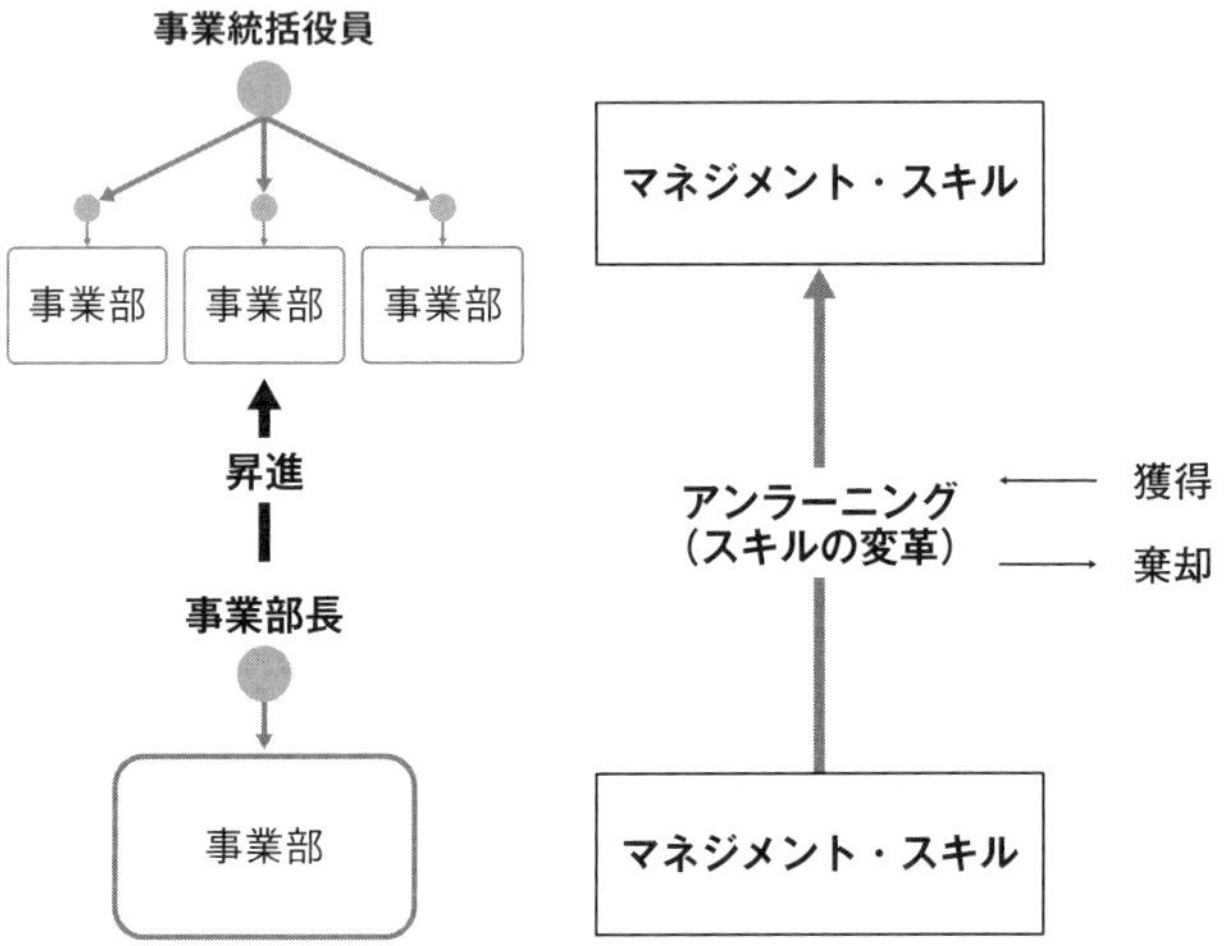

インタビュー調査データは、グラウンデッド・セオリー・アプローチ[132]と呼ばれる手法を用いて分析しました。

昇進モデルの分析結果（要約）

分析結果は図表6-2に示す通りです。

マネジメント・スキルは「意思決定」、「権限委譲と動機づけ（部下マネジメント）」、「情報収集」という3つのカテゴリーに分かれました。事業部長から事業統括役員へと昇進する際、これら3つのマネジメント・スキルがアンラーニングされるのです。

まず、アンラーニングの概要について説明しましょう。

①意思決定のアンラーニング　事業部長時代には、「短期的な視点から、分析的にものごとを判断し、自部門にとって最適となるように意思決定」していたのに対し、事業統括役員に昇進してからは、「長期的な視点から、直観を働かせ、組織全体にとって最適となるような意思決定スタイル」へと変化していました。

図表6-2　事業部長から事業統括役員に昇進時のマネジメント・スキルの変化

	事業部長		事業統括役員
意思決定	短期 分析的 部分最適	→	長期 直観的 全体最適
権限委譲と動機づけ	指示的	→	権限委譲 & 信頼
情報収集	直接収集	→	ネットワーク型収集

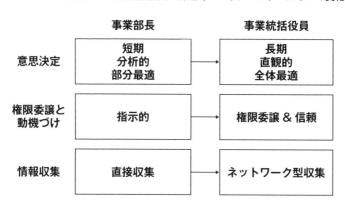

②権限委譲と動機づけ（部下マネジメント）のアンラーニング　事業部長時代には、「なすべきことを指示するスタイル」をとっていたのに対し、事業統括役員になると「部下を全面的に信頼し権限を委譲するスタイル」へと変わる傾向が見られました。

③情報収集のアンラーニング　現場情報が自然に直接入ってくる事業部長時代とは違い、現場から遠くなった事業統括役員は、「情報を直接収集するスタイル」から「現場のキーパーソンや外部とのネットワークを活用して、間接的に情報収集するスタイル」へと変えていました。

昇進によるアンラーニングの事例

分析結果の概要を理解していただいたところで、3タイプのマネジメント・スキルが、どのようにアンラーニングされたかについての事例を紹介します（文体は「です・ます調」で統一しています。なお、波線は著者がつけたものです）。

意思決定スキルの変化

意思決定スキルについて、ある役員は、株主やアナリスト等を意識しつつ、経営に関する信念を持つことの大切さを強調しています。

「取締役になってからは、株主やアナリスト等の声にダイレクトに耳を傾ける立場となり、配当水準など、それまでとは全く視点の異なる判断を迫られるようになりました。それに対応していくためには事業や経営に対する信念を持ち、ぶれずに貫くことが重要です」

高い視点から判断する上で、経営の信念を持つことが大切となることがわかります。

次の役員は、短期的視点だけでなく「長期的視点」を持つこと、および、顧客や競争相手に対して、より「大きな視点」を持つことの重要性を指摘しています。

「『今日と明日』だけを考えた行動ではなく『将来』も考えなければなりません。日本や世界の顧客、競合、技術など、部長時代よりも大きな視点が必要となります」

将来を見すえたグローバルな視点が求められるといえます。

また、事業統括役員への昇進にともない、「分析的な判断から、直観的な判断」へとシフトした役員もいました。コメントを見てみましょう。

「部長職の時は、個々人や顧客、ビジネステーマなどさまざまな要素に対して、分析を徹底的に行い、数値化された指標をベースにマネジメントを行っていました。そうすることにより周囲の納得性を高め、スムーズな合意形成を行うようにしていたのです。

しかし、役員になってからは、より自身の直観を信じること、リーダーシップを発揮したトップダウン的なマネジメントが重要であると考えています」

このコメントから、直観に基づくリーダーシップスタイルへと変化していることがわかります。

次の役員は、部分最適から全体最適へと考え方を変える必要性を説いています。

「部課長の時代は、部下の昇格のために人事にかけ合うとか、組織予算をしっかり確保するとか、部下と組織のために力を尽くすことは当然であり、そういう行動をしないと部下の信頼を得られませんでした。

しかし、経営者になると、そういう組織エゴを捨て、全体最適的に行動するべきです」

以上のコメントから、事業統括役員は、部長時代における「短期的判断、分析的判断、部分最適の判断」スタイルを捨て、「長期的判断、直観的判断、全体最適の判断」のスタイルを取り入れていることがわかります。

権限委譲と動機づけスキルの変化

どの組織階層であっても、マネジャーは部下に権限を委譲し、部下を動機づけなければなりません。しかし、事業に直接関わって仕事をする部長・事業部長とは違い、複数の事業を管轄する事業統括役員には、より「間接的なマネジメント」が要求されているようです。この点について、ある役員は次のように述べています。

「自分の経験では、企業人として最も充実感を味わえるのは、ある領域を任され、知識・経験を積み、その分野で第一人者と認められる時です。

しかし、責任範囲が広がり、部下の数も増えると、いつまでもこの快感に浸っていられなくなります。むしろ捨てる覚悟が必要となります。組織の期待が『仕事師』ではなく、『より高度なリーダー』に変質するからです。

むしろ、この快感をいかに部下に味わわせるかを考えてチームを作ることが自らの任務となります。人によっては、この任務を辛く感じるかもしれません」

このコメントから、事業統括役員になると、「事業を直接運営する役割」から「部長を支援する役割」へと移行することがわかります。次のコメントを見てみましょう。

「課題設定、方向性決定、実行指揮といった陣頭指揮スタイルは物理的にも無理だし、部長のイニシアティブを損なうだろうと思います。現場でしか得られない情報や考えを、どのようにして部長以下から受け取れるようにするかが課題です」

部長の主体性を尊重し支援するスタイルへの変化がうかがえます。

「任せる」範囲が広がるという状況に対し、事業統括役員はどのように対処しているのでしょうか。次のコメントを見てみましょう。

「自分が不在でも大丈夫なようにすることが大切です。そのために、一緒に考えるようにしています。

そうすると、何かあった際の判断基準に共感を持ってくれるようになるので、部下の判断が間違いないと確信できるようになり、仕事を任せることができます。また、指示待ちにはならない人材を育成することにもつながります」

指示するマネジメントから、判断基準を共有するマネジメントへと変える必要性が伝わってくるコメントです。

次に紹介する役員は、全社や事業本部の方針を明確化することが、事業統括において重要になることを強調しています。

「役員になってからは、担当する事業部門の幅が広くなり、有用であったノウハウが全く使えなくなりました。分担領域が広がると現場で何が起きているかはわからなくなります。また、現場で発生する事象の情報が入ってくるのが遅くなります。

したがって、事業部長以下への権限委譲を行う必要があり、必然的に自身は方針をトップダウンで伝え、方向性が間違っていなければ、各事業ラインのやり方に任す形にしました。

トップダウンで方針を伝える際にバイブルとなるのは全社や事業本部の方針・戦略です。ただし、現場から全く離れるわけにはいかないため、ポイントでは、その検討会やレビューの場に出席することとしています」

以上のコメントから、事業統括役員は、自分が主人公となり、実行指揮をとっていた部長時代のスタイルを取り止め、部下を主人公とし、判断基準を共有しつつ、方針によって管理するスタイルへとシフトしていることがわかります。

情報収集スキルの変化

三番目のカテゴリーである情報収集は「権限委譲」と密接に関係しています。現場から離れているがゆえに情報が入手しづらい状況に置かれた事業統括役員は、情報収集の方法を工夫しなければなりません。次のコメントを見てみましょう。

「職位が上になればなるほど、情報を欲しがることは止めたほうがよいと思っています。情報が上がってこないからといって、それがフラストレーションになる様では駄目であって、情報がなくて当たり前と思うぐらいでなければいけないのです。

よく現場の情報を欲しがる人がいますが、現場に近づけば近づくほどそれは「要望」になります。それは、各々の現場ですべて違ってくるものであり、大事なのは、その要望を「課題」としてまとめて、上げさせることです。」

一方、現場情報を持つ部下を近くに配置することで対処している役員もいます。

「役員は孤独なので、情報が入って来にくくなります。そこで、部門運営に必要な極めて重要な部下を近接配置することが有効となります。」

事業統轄役員になると、社内の情報収集のあり方が変化していることがわかるコメントです。経営判断とも関係しますが、次の役員は社内外にブレーンを持つことで情報収集をしていました。

「役員になってからは、自分の経験で判断できる領域はかなり狭くなり、先見の明を持ったプロアクティブな判断を余儀なくされる場面に遭遇する場合が多いので、情報入手と自身の未経験な領域の学習に励み、さらに社内外にブレーンを持つようになりました」

以上のコメントから、事業統括役員は、現場において直接的に情報を収集する方法をアンラーンせざるを得なくなり、現場から課題を提出させたり、社内外のネットワークを構築することで、情報収集のあり方を工夫していることがわかります。

大幅なアンラーニングとメタ認知の強化

分析の結果、事業部長から事業統轄役員へ昇進する際には、「意思決定」、「権限委譲と動機づけ」、「情報収集」という3つのカテゴリーにおいて、マネジメント・スキルが不連続な形で大きく変化し、その過程においてアンラーニングが行われていることがわかりました。

なお、これらの3分類は、ミンツバーグ[93,94]による「意思決定」、「対人」、「情報」というモデルに対応しています。

本章の発見の中で注目したいことは、3つのマネジメント・スキルのカテゴリーの中で、特に「意思決定」に関するスキルが質的に大きく変化していたことです。「短期・分析的・部分最適」というスタイルが棄却され、「長期・直観的・全体最適」という新しいスタイルが取り入れられていました。

この「長期・直観的・全体最適」という特徴を見ると、そこには、自分や状況を俯瞰しながら物事を認識する「メタ認知[34,103]」が関係していることがわかります。

上級マネジャーが持つ意思決定の重要性を説くカッツ[61]や「上層部パースペクティブ」の観点から考えると[39,40,41,78,128]、事業統轄役員がメタ認知に基づく意思決定スタイルへとアンラーンできるかどうかが、組織成果に大きな影響を及ぼすといえるでしょう。

理論的な発見

これまでの研究では、組織で働くようになって10年を超すと、仕事の信念、ルーティン、スキルをアンラーニングする傾向が強まることや[68]、スタッフから中間管理職へ昇進する際に新たなスキルを獲得する必要がある点については報告されていますが[101]、経営幹部のアンラーニングについては不明な点が多いのが現状です。

また、ラム・チャランによるリーダーシップ・パイプラインモデルにおいても、組織の階層が上がるにつれてスキルを変えるべきであることが主張されていましたが[18]、アンラーニングの観点からの実証分析は行われていませんでした。

本章の分析結果は、組織の上層部における昇進にともない、マネジメント・スキルが「不連続な形でアンラーニング」されるプロセスを明らかにした点に、理論的な意義があると考えられます。

実践のポイント

昇進にともなって、マネジャーは「小我から大我へ」、「次の世代の育成」へとマインドセットを変え、自分のスキルをアップデートしなければなりません。ここで、2つの実践ポイントを挙げておきます。

「意思決定」、「対人」、「情報」力をセルフチェック

本章は、上級マネジャーに焦点を当てましたが、どの階層のマネジャーであっても、自身のマネジメント・スキルを、「意思決定」、「対人」、「情報」の観点からセルフチェックすることが重要となります。

特に、昇進する際には、今までとは異なるスキルが要求されることが多く、アンラーニングによる「スキルの入れ替え」が必要です。

しかし、「昇進しても、マネジメントの方法を変える必要はない」と主張し、昇進前のスキルを使い続けるマネジャーもいます。このような人は、新しいポジションに適応できていない可能性があるので注意しなければなりません。

もちろん、昇進にともなって、すべてのスキルを入れ替える必要はなく、普遍的に使えるスキルもあるでしょうが、役割が異なる以上、マネジメント・スキルの見直しが必然的に求められるといえます。

俯瞰力、世界観、人生観を養う

事業統轄役員になると、「小我から大我」へとマインドセットを変えるとともに、より高い視点から経営をとらえるメタ認知能力、すなわち「俯瞰力」を身につけなければなりません[95]。さらに、直観的に経営判断するために、世界観、人生観、歴史観を養っておく必要があります。

よく考えると、大我に立ち「俯瞰力」、「世界観」、「人生観」を養うことは、どの階層で働く人にとっても有益です。つまり、「昇進してから身につける」のではなく、「昇進する前に身につけておく」ことが大切になってくるといえます。

また、管理職ではなくとも、小我にとらわれることなく、俯瞰してモノをとらえ、確固たる世界観、人生観、歴史観を持つことは、優れた仕事につながるはずです。

以上で、本書におけるすべての分析が終了しました。次章では、これまでの分析結果に基づき、アンラーニングのプロセス・モデルを提示したいと思います。

第6章

まとめ

■事業部長が事業統括役員に昇進するときには、次のようなアンラーニングが必要となります。

①「短期的、分析的、部分最適」から「**長期的、直観的、全体最適**」な意思決定へ。

②「なすべきことを指示する」スタイルから、「**部下を信頼し権限を委譲**」するスタイルへ。

③「直接的な情報収集」から「**ネットワークを活用した間接的な情報収集**」へ。

■一般社員やミドルマネジャーの方も、「意思決定」、「対人」、「情報」の観点から、自身のスキルを見直してみましょう。

終章 仕事のアンラーニング・プロセス

学ぶことをやめた人間には、過去の世界に生きる術しか残されていない

［エリック・ホッファー］[48]

継続的な学びほぐし

右の言葉は、肉体労働をしながら、人間社会の本質を鋭く考察した哲学者エリック・ホッファーによるものです。

「学び続ける人間」になるためには、「コンピテンシー・トラップ（有能さの罠）[49, 56, 73]」を避け、意識的にアンラーニングをしなければなりません。

成功体験から学び、自分の強みを活用することは、人間が成長する上で重要です。しかし、学びが「固定化」し、「自己模倣」に陥ってしまうと、ホッファーがいうように、過去の世界に生きるしかなくなってしまうでしょう。

一方、成功体験から得た知識・スキルを、継続的に「学びほぐし」、自分の強みを強化・発展させることができれば、成長し続けることができます。

本書では「職場で働く人は、どのようにアンラーニングし、成長しているのか」という問いを検討してきましたが、以下では、これまでの分析結果をまとめて、アンラーニングのプロセス・モデルを提示したいと思います。

これまでの発見の整理

事例から見たアンラーニングの3パターン

まず、アンラーニングの内容について見てみましょう。図表7-1は、各章で紹介した18の事例を整理したものです。

内容の類似性に沿って分類すると、アンラーニングは、①「自己完結的な働き方から、ネットワーク志向の働き方へ」、②「保守的な働き方から、顧客志向の働き方へ」、③「定型的・受動的な働き方から、革新的・能動的な働き方へ」という3つのパターンに分けることができます。少し詳しく説明します。

第一に、自分の力で仕事をすることに固執しすぎる「自己完結的な働き方」を棄却し、上司、周囲のメンバー、多様な人々と協力しながら業務を進める「ネットワーク志向の働き方」へと転換するパターンが見られました。

もちろん、自己完結的な働き方が求められる部署もあると思いますが、そうした部署においても、多様なネットワークを持ちながら働くこと自体はプラスになるはずです。

第二に、正確性、安全性、前例のみを重視する「保守的な働き方」を止め、住民、患者、読者

図表7-1　事例から見たアンラーニングのパターン

事例	棄却した働き方		新しく取り入れた働き方
	自己完結的な働き方	⇒	**ネットワーク志向の働き方**
1	完成度8割の段階で上司に相談する	→	完成度が2〜3割の段階で、上司に相談しながら進める
3	自分の専門性のみに頼る	→	周囲のメンバーと協力しながら、高い視座を持つ
4	自己学習に基づいて情報を収集する	→	相談できるネットワークを築き、情報を収集する
8	過去の経験則に基づいて働く	→	異なる価値観を持つ人の考えを取り入れる
11	十分な時間をかけて計画を立て準備する	→	早めに仮説を立て、検証と軌道修正を繰り返す
14	個人が仕事を完成させてから、部内で共有する	→	メンバーと情報共有しながら仕事を進める
15	自己研鑽に基づいて能力を開発する	→	組織的に能力開発を進める
18	自分自身で考えて業務を遂行する	→	事例検討会でメンバーの意見を聴き業務を遂行する
	保守的な働き方	⇒	**顧客志向の働き方**
2	「採用する側」の意識を持ち、人事部内で採用する	→	「選ばれる側」の意識を持ち、全社体制で採用する
5	自身の固定的な仕事観に基づき働く	→	「患者の視点」に基づき働く
9	安全のみを重視する	→	安全とともに患者第一の視点で働く
12	前例に基づいて仕事を進める	→	視野を広げ、住民と対話しながら考える
16	正確性を重視して広報発表する	→	記者や読者にわかりやすく広報発表する
	定型的・受動的な働き方	⇒	**革新的・能動的な働き方**
6	直観のみに頼って対応策を立てる	→	論理的に分析しながら対応策を立てる
7	明確な目的もなく、目の前の仕事に取り組む	→	中長期的な計画を立て、組織全体を見渡す
10	指示待ちの姿勢で、最低限の仕事をする	→	主体的に考え、改善提案を行う
13	定型的で受け身の姿勢で働く	→	積極的に情報発信し、改善提案を行う
17	シナリオ通りに進め、無難な結論を導く	→	委員発言のエッジを生かして運営する

といった受け手の側からも考える「顧客志向の働き方」へ移行するタイプのアンラーニングが抽出されました。

第三に、指示待ちで受け身の姿勢で仕事を行う「定型的・受動的な働き方」から、主体的、積極的に改善提案する「革新的・能動的な働き方」へと変化するパターンを確認することができました。

すべてのアンラーニングがこれら3つのタイプに当てはまるわけではありませんが、主要な傾向を示しているといえるでしょう。

アンラーニングのプロセス

次に、本書における発見を基に、アンラーニングがどのようなプロセスで行われているかを示したのが図表7-2です。

すなわち、「昇進・異動、他者の行動、研修・書籍等」といった出来事をきっかけに、自身の働き方を振り返るリフレクション、すなわち「内省」、「批判的内省」が喚起され、仕事の考え方、進め方、スキルがアンラーニングされていました。

このとき、「スキル習得の難しさ、心理的抵抗、職場の理解不足」といった要因がアンラーニングを阻害しますので、それを乗り越えるために、「学習志向」や「自己変革スキル」が必要になります。

さまざまな障害を乗り越えてアンラーニングが行われると、「働きがい」、「他者との良好な関係」、「業績向上」といった成果につながります。

以下では、このプロセス・モデルを詳しく説明していきます。

きっかけとしての「昇進・異動・上司・研修」

アンラーニングの多くは、外的刺激によってもたらされます。具体的には、①昇進・異動などの状況変化、②上司を始めとする他者の行動、および③研修や読書といった経験が促進要因となっていました。

自由記述調査の結果、この3つの要因のウエイトは、ほぼ70%、20%、10%でした。人材成長の決定要因に関して、「仕事経験70%」、「他者20%」、「研修・読書10%」という有名な法則がありますが、その比率にほぼ対応しているこ

図表 7-2　アンラーニングのプロセス・モデル

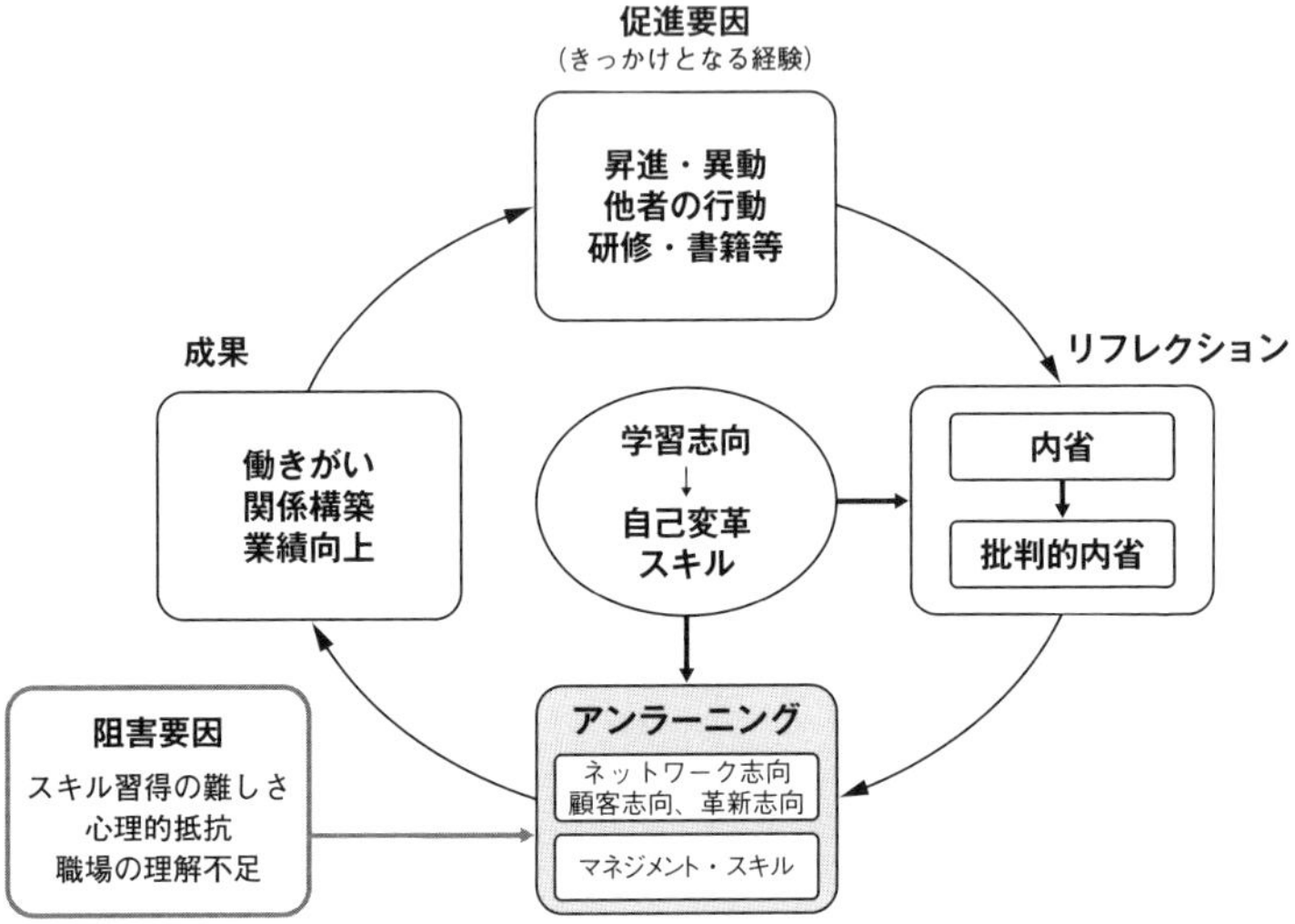

とがわかります[75]。これらの3要素によって、何らかの矛盾や葛藤が生じ、働き方の再学習へとつながると思われます[31]。

特にアンラーニングを後押しするのは、「上司の探索的活動」と「昇進」です。具体的には、①革新的な上司の下で働いている人ほど学習志向が刺激され、内省を通してアンラーニングし、②昇進をきっかけにマネジャーは、古いマネジメント・スキルを捨てて、新しいスキルへとアップデートしていました。

この結果は、他者から学ぶ「社会的学習[6]」や、成長を後押しする「挑戦的経験[25,27,88]」が、アンラーニングと密接に結びついていることを示しています。

なお、上司だけでなく「同僚、部下・後輩、取引先、顧客」、さらに、昇進だけでなく「部署異動、家庭状況の変化、研修等」もアンラーニングのきっかけになることを忘れないでください。

原動力としての「学習志向」

本書の分析において一貫していたのが、アンラーニングの「原動力」としての学習志向の役割です。学習志向とは、成長を重視する考え方、すなわち、新しい知識やスキルを獲得することを求める目標志向です。

学習志向は、「内省、批判的内省、自己変革スキル」を活性化させることを通して間接的に、また、直接的にアンラーニングをうながしていました。

こうした結果は、学習志向が、自己コントロールやメタ認知（俯瞰力）を喚起し、個人の行動を学習活動に「方向づけている」ことを示唆しています。[11,35,46,144,147]

アンラーニングを行う際には、「新しいスキルを習得する難しさ」、「自分自身の心理的抵抗感」、「職場の理解不足」といった阻害要因が存在しますので、こうした障害を乗り越えるためにも、強い学習志向が必要だといえます。

自分の型やスタイルに気づくための「内省」と「批判的内省」

自分の中の当たり前となっている「型」や「スタイル」に気づくことは至難の業《わざ》です。このとき重要なのは、「内省」と「批判的内省」の組み合わせです。

分析では、自身の仕事の進め方を「内省」することが、「自分の中の当たり前」を問う「批判的内省」の基盤・土台となり、アンラーニングが行われることがわかりました。

成人学習や経営学習の分野で重視されてきた批判的内省ですが[21,89]、量的な調査を通して、アンラーニングをうながすことを実証したのは本書が初めてだと思われます。

ここで注目したいことは、普段の業務を振り返る「（一般的）内省」の役割です。直接的にアンラーニングをうながす力は強いとはいえませんが、この内省を通して、自分の当たり前を問う深い内省（批判的内省）が醸成されていました。

従来の研究は、内省と批判的内省の違いを強調するだけでしたが、[36,114]これら2つをつなげていくことが重要だといえます。

また、内省や批判的内省を方向づけるのが「学習志向」です。つまり、単に業務を振り返るのではなく、「自身の学びのために振り返る」ことがアンラーニングにつながることを忘れてはいけないでしょう。

手法としての「自己変革スキル」

慣れ親しんだ自分の仕事のスタイルを変えることは不安や恐れがともない、個人に大きな負荷がかかるといわれています。[20,47,139,146]
このとき役に立つのが自己変革スキルです。自分の中で変える必要があることを見極める「変革の準備」、自分を変えるための「計画性」、変革に当たり他者からの支援を求める「資源の活用」、成長の機会を見逃さない「意図的行動」を意識することで、アンラーニングにともなう阻害要因に対処することができると思われます。
職場のルーティンを変更する際には、変革を支援する環境を整備する必要があるといわれていますので、[55,57]積極的に他者からの支援を求める「資源の活用」が重要になります。

留意すべき点は、変革の準備や計画性において、内省や批判的内省する力が必要になることです。アンラーニング手法としての自己変革スキルを磨くためには、内省力や批判的内省力を身につけることが有効になるといえるでしょう。

アンラーニングの内容と成果

既述したように、「自己完結的な働き方から、ネットワーク志向の働き方へ」、「保守的な働き方から、顧客志向の働き方へ」、「定型的・受動的な働き方から、革新的・能動的な働き方へ」という形でアンラーニングが行われる傾向にありました。

また、組織における役割が変化すると、「意思決定」、「対人」、「情報」に関するマネジメント・スキルをアップデートする必要が出てきます。

そして、適切な形でアンラーニングすることで、「働きがい」を感じるようになり、「他者との信頼関係」が構築され、「業績が向上」するのです。

理論的な発見

個人が継続的に成長し続けるために欠かせないアンラーニングですが、これまでは組織・集団レベルの研究が中心であり[3,8,45,47,139,154]、アンラーニングの包括的なプロセスが体系的に整理されているとはいえない状況にあります[47,65]。

1章でも指摘したように、これまでの研究においては、次のような課題がありました。

①どのようにすれば「深い振り返り」が可能になるのか？
②アンラーニングにはどのようなスキルが必要なのか？
③アンラーニングは国の文化によって異なるのか？
④上司の行動は部下のアンラーニングにどのような影響を与えるのか？
⑤経営幹部は何をアンラーニングすべきなのか？

本書は、こうした課題に対して、次のような回答を出しました。

①学習志向を持ち、日々の業務を振り返ることが「深い振り返り」につながる。
②アンラーニングを進めるためには、自己変革スキルが必要となる。
③アンラーニングのプロセスは、日米で共通している。
④革新的な上司の行動が、部下の学習志向と内省を通してアンラーニングを促進する
⑤経営幹部は「意思決定」、「対人」、「情報」スキルをアンラーニングする必要がある。

これらをまとめると、学習志向、内省、批判的内省、自己変革スキルといった「個人的・心理的な側面」とともに、上司や昇進といった「状況的な側面」からアンラーニングのメカニズムを解明した点に本書の理論的な意義があると考えられます。詳しくは、すでに各章の理論的発見のセクションで議論しましたので参照してください。

実践のポイント

これまで説明した発見や考察に基づいて、「いかにアンラーニングを実践すべきか」に関して7つのアドバイスを挙げておきます。

アンラーニングを「意識」する

まず大事なことは「アンラーニング」を意識するということです。

アンラーニングという言葉を知っている人と知らない人とでは、学習面で大きな違いが出ます。「自己模倣に陥っていないか？」、「この考え方は時代遅れではないか？」、「この仕事の進め方より、もっとよい方法はないか？」という疑問を持ちながら仕事をすることで、アンラーニングの準備ができるはずです。

アンラーニングという概念を頭の隅に置きながら仕事に取り組むことで、少しずつアップデート型の学習を進めることができるでしょう。

「学習チャンス」を見逃さない

「70：20：10」の法則にあるように、「昇進・異動」、「新しい上司」、「研修」は、自分のノウハウを入れ替える「学習チャンス」です。

状況が変化すると、ストレスがかかったり、不安になったりしますが、同時に、貴重な学びの機会にもなります。

その際、仕事上の考え方や進め方をチェックして、「入れ替える」必要のある信念やルーティンを見極めなければいけません。

昇進・異動・新しい上司・研修といった「きっかけ」を見逃さないことが、アンラーニングをスタートするための鍵となります。

もしあなたが上司であれば、自らがチャレンジし「背中で教える」ことが、部下の学習志向やアンラーニングをうながすことにつながります。

「顧客、革新、ネットワーク、大我」がキーワード

何を捨て、何を取り入れるかに迷うこともあるかと思います。

アンラーニングを行う際には、自分の働き方の中に「保守的、受動的、自己完結的」な要素がないかを点検し、「顧客志向、革新志向、ネットワーク志向」へと働き方を変えることが大切になります。

また、自分のことばかり考えている「小我」に陥っていることに気づいたときには、次世代や社会のことに関心を向ける「大我」へとマインドセットを変えると、自身の課題が見えてくるはずです。

「学習志向」で自己模倣を乗り越える

アンラーニングを妨害する敵は、私たち自身の中にある「自己模倣の誘惑」や「心理的抵抗感」

です。羽生氏や吉本氏が指摘するように、どうしても「自分の得意な型」へと逃げたくなります。

この誘惑や抵抗に打ち勝つための原動力が学習志向です。この学習志向は、努力次第で高めることができるといわれています。[106] その1つの方法は、自分の中で伸ばしたい能力目標、すなわち「学習目標」を立て、それを意識しながら行動することです。

「コミュニケーション力を改善する」、「論理的思考力を磨く」、「専門分野の知識を身につける」といった学習目標を設定すると、学習志向が活性化されて、アンラーニングのモードが「オン状態」になります。

「二段ロケット型」で「型やスタイル」を振り返る

自分では意識しにくい「型やスタイル」をアンラーニングするためには、一日の終わりや通勤途中に、同僚との対話などを通して、定期的に自分の仕事を「振り返る習慣」を持つことから始めましょう。

このとき「一般的な振り返り」をする中で「深い振り返り」を引き出す、二段ロケット型が理想です。

つまり、ロケットの一段目が「仕事の進め方やアプローチが有効であるかどうか」といった一般的な振り返りであり、二段目が「自分の中の当たり前」に気づく「深い振り返り（批判的内省）」

です。

二段目の深い振り返りによって、中核的なアンラーニングを行うことが可能となります。

アンラーニングを「現実的に」計画する

人は、「得意な型」に逃げ込みがちですが、自分の型は常にアップデートしなければなりません。内省によって、どこを捨てるべきか、何を取り入れるべきかを見極めたら、アンラーニングを計画しましょう。

このとき大切なことは、「実現可能な現実的な計画」を立てることです。非現実的な理想ではなく、自分の強みを生かす形でアンラーニングをデザインすることが大事になります。

この変革計画の中に「学習目標」を組み込むことで、自身の学習志向が高まり、アンラーニングが進むと思われます。

他者に「支援を求める」

アンラーニングの過程においては、「スキル習得の難しさ」、「心理的抵抗」、「職場の理解不足」など、さまざまな障害があります。自分自身の力で乗り越えることも大事ですが、他者の力も借りることも忘れないでください。

自己変革スキルに「資源の活用」が含まれていたように、職場の上司・先輩・同僚・後輩に、自身のアンラーニング計画を話し、応援してくれるように頼むことも有効な手段となります。また、職場内外における研究会や勉強会などの「学習コミュニティ[79]」に参加したり、副業、ボランティア、地域コミュニティの活動などに参加し、「越境」して学ぶことで[54]、学習志向にあふれた他者と出会うことができるでしょう。

その際に効力を発揮するのがＳＮＳです。さまざまなＳＮＳツールを使うことで、地理的に離れていたり、立場が違う人々にアクセスし、コミュニケーションすることが可能になるからです。いろいろな方法や手段によって「導いてくれる人」を見つけることができれば、自己変革を後押ししてもらえるはずです。

ワークシートを活用した職場ワークショップ

ワークショップの進め方

以上の実践ポイントを現場で応用する際におすすめしたいのは、次に挙げる3種類のワークシートを利用して、職場においてワークショップ（勉強会）を実施することです。

具体的には、次のようなシンプルな手続きで、ワークショップを実施することができます。

ステップ１　各自がワークシートに記入する
ステップ２　数名のグループとなり、各自がワークシートを発表する
ステップ３　各自の発表に対して、他の参加者が建設的なコメントをする
ステップ４　発表を踏まえて、ワークシートを修正する

このとき、ステップ３においては、まず①「よい点に気づいたね」、「その通りだね」と承認・賛同した上で、②「こういう方法もあるのでは」という別の視点からアドバイスし、最後に、③「そこは変えないほうがいいのでは」という注意のコメントを提供してください。なるべく発表者の意思を尊重して、批判的ではなく、建設的なコメントをフィードバックすることが大事です。

そして、定期的にワークショップを開催し、アンラーニングの進み具合を相互チェックすることをおすすめします。

アンラーニング経験の振り返りシート

図表7-3は、「アンラーニング経験の振り返りシート」です。最近数年間で、あなたが働き方

を変えたときのことを思い出し、どのような形で働き方を変えたかを、「仕事の信念・方針・考え方」と「仕事のスキルや進め方」のそれぞれについて、「以前の働き方」と「新しい働き方」を記入してください。

ここでは、大手自動車部品メーカーの人事部門に勤務する30代男性社員の記入例を紹介します。図表7-3を見るとわかるように、この方は、生産管理部門から人事部門へ異動した際に、自己完結型からネットワーク型へと大きく働き方を変えました。

生産管理部門にいたときには、自分が担当製品の責任者であったため、上司に相談することはあるものの、「最終的に意思決定するのは自分」という働き方をしていました。

しかし、人事部門に異動してからは、なんでも自分で決めるやり方だと「自己満足」に陥ってしまう

図表7-3　アンラーニング経験の振り返りシート（記入例）

【アンラーニング経験の振り返りシート】 最近数年間で、あなたが働き方を変えたときのことを思い出してください。どのような形で働き方を変えましたか？「以前の働き方」と「新しい働き方」を記入してください。

	以前の働き方 ➡	**新しい働き方** （どのようなアンラーニングをしましたか？）
仕事の信念・方針・考え方	生産管理部門で働いていたため、自分が担当製品の生産についての責任者であるという**「自己完結的な考え方」**が強かった	人事部門に異動してからは、**早い段階から上司と相談しながら、**「合理性、透明性、公平性」を重視する働き方に変更した
仕事のスキルや進め方 （例）仕事の手続き、意思決定や情報収集の方法、対人スキル、分析スキル、専門知識等（すべて書く必要はありません）	担当製品の生産について生産順序や納期を自分で決める お客様に迷惑がかかるような時には上司に相談するが、**最終的に決めるのは自分。**	施策を導入する際に、**完成度が低い状態でも上司と相談しながら進める。**自らの案を提示して上司に大局観から決定してもらう。

ため、そうしたアプローチをアンラーニングしたそうです。

具体的には、完成度が低い状態でも、早い段階から上司と相談しながら、「合理性、透明性、公平性」という基準を重視して仕事を進めるという形に変えました。その結果、スムース、かつクオリティの高い仕事ができるようになりました。

アンラーニング計画シート

図表7-4は、「アンラーニング計画シート」です。あなたの現在の働き方を「仕事の信念・方針・考え方」と「仕事のスキルや進め方」の観点から記入した上で、「今後も維持すべきこ

図表7-4　アンラーニング計画シート（記入例）

【アンラーニング計画シート】あなたの現在の働き方を「仕事の信念・方針・考え方」と「仕事のスキルや進め方」の観点から記入し、「今後も維持すべきこと」と「変更（アンラーニング）すべきこと」について考えてください。

		現在の働き方 ➡	維持すること 変更すること （アンラーニングすること）
仕事の信念・方針・考え方	維持	人事部門における**他の機能や仕事を意識**しながら自分の仕事を進める	
	変更	他者（同僚・上司）に対する関心はあるものの、**自分の役割・領域を重視した働き方**	自分中心から脱却し、周りのメンバーに**「良い意味でのおせっかい」**をして、意見を取り込む
仕事のスキルや進め方 （例）仕事の手続き、意思決定や情報収集の方法、対人スキル、分析スキル、専門知識等（すべて書く必要はありません）	維持	**社内外においてアンテナを高く**し、自分なりの意見をフィードバックする。	
	変更	**アイデアを自分から発信**することを中心にしており、他のメンバーの意見にあまり耳を傾けていない	「これでいいよね？」という自己発信型の仕事ではなく、**他のメンバーと一緒に悩み、答えを導き出す**

と」と「変更（アンラーニング）すべきこと」について考えてください。

記入例は、先ほどと同じ30代の男性社員によるものです。現在、人事部内で行われている他の仕事や機能を意識しながら自分の仕事を進め、アンテナを高くして社内外の動きをとらえ、自分なりの意見を発信するというアプローチをとっており、こういった働き方はこれからも継続したいと考えています。

一方で、自己完結型の働き方がまだ残っているため、自分の役割や領域を重視するあまり、「これでいいよね？」といった形で自分のアイデアを発信することが多く、他メンバーの意見にあまり耳を傾けていないという問題を自覚しています。

今後は、こうした働き方をアンラーニングし、周りのメンバーから意見を取り込み、一緒に悩み、答えを導き出すような形へと働き方をアップデートしていくそうです。

他者からの学びシート

図表7-5は、「他者からの学びシート」です。あなたの周囲にいる優れた人を思い浮かべ、その人たちから取り入れたい働き方を「仕事の信念・方針・考え方」と「仕事のスキルや進め方」に分けた上で記入してください。

先ほどの自動車部品メーカーの男性社員は、職場における3名から学ぶことを計画しています。

一人目は、入社40年目のベテラン課長Aさんです。この方は、特定分野では社内の誰にも負けないというプロフェッショナルですが、周りの人の意見や、社内情報に敏感で、常に知識や情報のアップデートを続けています。

二人目は、入社5年目の女性社員Bさんです。彼女は、疑問点があればその場で解消することを大事にしており、チャット等のIT技術も活用しながら、相手の懐に飛び込み、意見を聞く積極性を持っています。

三人目は、二階級上の上司であるCさんです。彼は、部下を信じ

図表7-5　他者からの学びシート（記入例）

【他者からの学びシート】あなたの周囲にいる優れた人を思い浮かべてください。その人たちから取り入れたい働き方を「仕事の信念・方針・考え方」と「仕事のスキルや進め方」に分けた上で記入してください。

「あなたの周囲にいる優れた人」から「取り入れたい」働き方			
優れた人	入社40年 ベテラン課長Aさん	入社5年目の 女性社員Bさん	直属の2階級上の 上司Cさん
仕事の信念・方針・考え方	特定分野のプロフェッショナルであり、**社内では絶対誰にも負けない** ただし、既存の知識では満足せず、**アップデートは続ける**	疑問は持ち越さずに**その場で解決**する	部下を**信じて任せ、とことんつき合う**
仕事のスキルや進め方 （例）仕事の手続き、意思決定や情報収集の方法、対人スキル、分析スキル、専門知識等（すべて書く必要はありません）	自分はプロではあるが、**周りの意見は大事にし、**「どうしたい？」という問いかけをしている 人を観察する力を持っており、常に社内の情報を集める**「社内探偵」**である	**ITも活用**して、チャットで意見を聞くこともある 相手が誰であろうと、**懐に飛び込む**力が強い	部下の意見を取り込むために、縦（直属の上司）が駄目でも、**斜め上の上司を使って、上申し突破**する 温和であるが、厳しさもある

て任せ、とことんつき合うことを大切にしています。具体的には、部下の意見やアイデアを実現するために、直属の上司だけでなく、他部門の上司にも働きかける努力をしているそうです。温和であるけれども、ときに厳しい態度で臨む姿勢も学びたいと考えています。

3種類の記入シート（記入欄が空欄であるシート）は、巻末に「付録」（201〜202ページ）として収録しておきましたので、コピーしてお使いください。

まとめ

本書は、「学びほぐし」や「入れ替え学習」としてのアンラーニングをどのように進めるべきかというテーマを検討してきました。

人は熟達するにしたがい、自分のスタイルや型を身につけますが、時代の変化とともにそうしたスタイルや型は古くなり、有効性が低下してしまいます。

自分の型やスタイルに固執すると、コンピテンシー・トラップ（有能さの罠）にはまる危険性が高まるので注意が必要です。昔のヒーローや米長邦雄氏のエピソードからわかるように、アンラーニングはプロフェッショナルの段階に達した人の課題であるといえます。

しかし、「はじめに」でも述べたように、熟達の途中である見習い段階や中堅の段階においても、人はアンラーニングしながら成長しています。つまり、アンラーニングは、新人からベテランまで、すべての人が成長し続けるために必要なプロセスなのです。

2011年に、私は『経験学習入門』（ダイヤモンド社）という本を上梓しましたが、そのメッセージは、「人が経験から学ぶためには、適切な『思い』と『つながり』を大切にし、『挑戦し（ストレッチ）、振り返り（リフレクション）、楽しみながら（エンジョイメント）仕事をする』

とき、経験から学ぶことができる」という点でした。
本書においても、アンラーニングという挑戦（ストレッチ）を通して学ぶためには、適切な思い（学習志向）とつながり（上司・同僚）を大切にし、振り返り（内省・批判的内省）、変革を楽しむこと（ワーク・エンゲージメント）が大切になるといえます。

最後に、神学者であるラインホールド・ニーバーの祈りを紹介します。この祈りは、アンラーニングの必要性と難しさを示しています。

「神よ、
変えることのできるものについて、
それを変えるだけの勇気をわれらに与えたまえ。
変えることのできないものについては、
それを受け入れるだけの冷静さを与えたまえ。
そして、変えることのできるものと、変えることのできないものとを、
識別する知恵を与えたまえ。」（大木英夫訳）[134]

本田宗一郎氏がいうように「いつ、誰が、どこで考えても納得のできる正しい理論に裏づけされた知識」は変える必要はありません。しかし、「時代の流れ、歴史の流れに合わない知識」は変えなければなりません。[50]ただし、気質的・能力的に変えることができないものもあるので無理はしないでください。

なお、生まれ持った自分の強みは「捨てる」のではなく、「育てる」、「深める」、「広げる」形で強化してほしいと思います。

変えることができる働き方を識別し、変える勇気と智恵を得るために、本書が少しでも役に立てば幸いです。

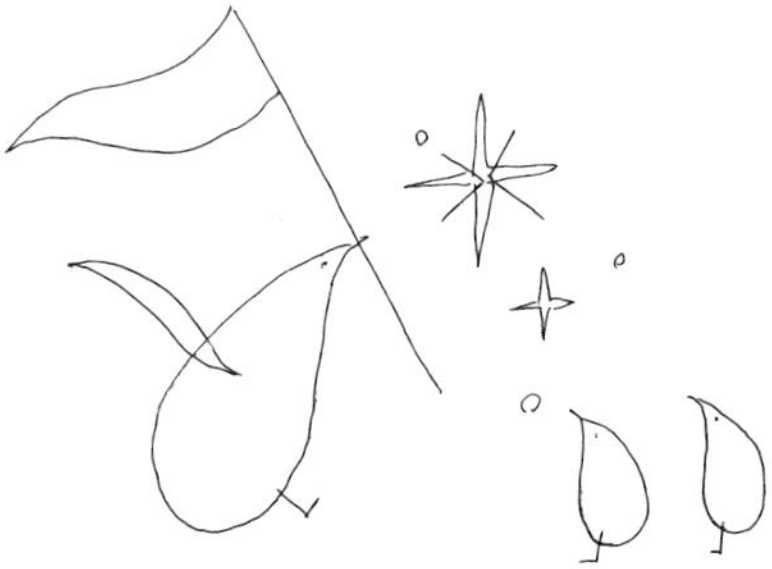

おわりに

私がアンラーニングに関心を持つようになったきっかけは、「はじめに」でも紹介した「昔のヒーロー」の話でした。この逸話は、営業担当者の経験学習を研究していた頃、株式会社ＰＩＳパートナーズの高橋勝浩氏から教えていただいたものです（高橋氏からは、本書に関して、アドバイスもいただきました）。

それ以来、ずっと頭の隅にあったアンラーニングというテーマに取り組んだのは、自分自身の成長が止まっているのを感じたからです。つまり、経験学習の弊害のひとつである「学びの固定化」を、私自身が体感したことが、本書を執筆する動機となりました。

本研究は、科学研究費・基盤研究（B）「職場におけるリフレクションとアンラーニングに関する実証研究」（課題番号26285078）の助成を受けて実施されました。このプロジェクトにおける研究分担者である京都大学の楠見孝先生、立命館大学の高橋潔先生からは、さまざまな知的刺激をいただきました。

中原淳先生、および中原先生が主催する「ラーニング・イノベーション論」の参加者の方々、プログラムを運営する慶應学術事業会の保谷範子氏、内田紫月氏からのご協力によって、貴重な事例を収集することができました。

法政大学の石山恒貴先生、立教大学の田中聡先生、キャリアバンク株式会社の田中希久代氏、株式会社マネジメントサービスセンターの辰井賢二氏、鈴木由美氏、株式会社デンソーの瀧上晋一氏からは、本書の草稿に対して貴重なコメントをいただくことができました。

山田絵理花氏には、素晴らしい装丁をデザインしていただきました。表紙の絵と章のトビラは、妻・希代子によるものです。

最後になりますが、同文舘出版の青柳裕之氏、大関温子氏には、本書をまとめる上で大変お世話になりました。記して感謝申し上げます。

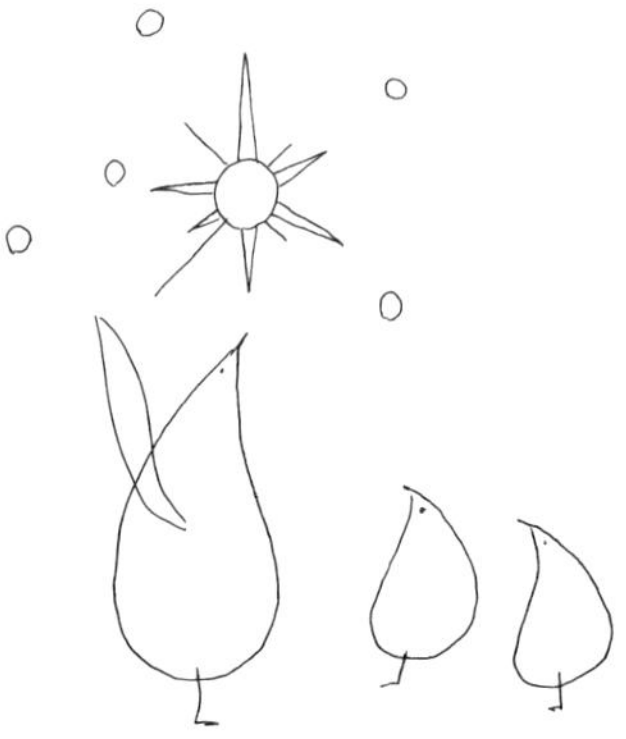

参考文献

1 Adner, R., & Helfat, C. E. (2003). Corporate effects and dynamic managerial capabilities. *Strategic Management Journal*, 24, 1011-1025.

2 Agarwal, U. A. (2014). Linking justice, trust and innovative work behaviour to work engagement. *Personnel Review*, 43(1), 41-73.

3 Akgün, A. E., Lynn, G. S., & Byrne, J. C. (2006). Antecedents and consequences of unlearning in new product development teams. *Journal of Product Innovation Management*, 23, 73-88.

4 安藤史江（2001）『組織学習と組織内地図』白桃書房.

5 Babbie, S. (2001). *The practice of social research, 9th ed.* Belmont, CA: Wadsworth/Thomson Learning.

6 Bandura, A. (1977). *Social learning theory*. Oxford, England: Prentice-Hall.

7 Becker, K. (2005). Individual and organizational unlearning: Directions for future research. *International Journal of Organizational Behaviour*, 9(7), 659-670.

8 Becker, K. (2010). Facilitating unlearning during implementation of new technology. *Journal of Organizational Change Management*, 23(3), 251-268.

9 Bhatnagar, J. (2012). Management of innovation: role of psychological empowerment, work engagement and turnover intention in the Indian context. *International Journal of Human Resource Management*, 23(5), 928-951.

10 Bonesso, S., Gerli, F., & Scapolan, A. (2014). The individual side of ambidexterity: Do individuals' perceptions match actual behaviors in reconciling the exploration and exploitation trade-off? *European Management Journal*, 32, 392-405.

11 Bouffard, T., Boisvert, J., Vezeau, C., & Larouche, C. (1995). The impact of goal orientation on self-regulation and performance among college students. *British Journal of Educational Psychology*, 65, 317-329.

12 Brook, C., Pedler, M., Abbott, C., & Burgoyne, J. (2016). On stopping doing those things that are not getting us to where we want to be: Unlearning, wicked problems and critical action learning. *Human Relations*, 69(2), 369-389.

13 Bunderson, J. S., & Sutcliffe, K. M. (2003). Management team learning orientation and business unit performance. *Journal of Applied Psychology*, 88(3), 552-560.

14 Button, S. B., Mathieu, J. E., & Zajac, D. M. (1996). Goal orientation in organizational research: A conceptual and empirical foundation. *Organizational Behavior and Human Decision Processes*, 67(1), 26-48.

15 Cascio, W. F. (2012). Methodological issues in international HR management research. *International Journal of Human Resource Management*, 23(12), 2532-2545.

16 Cegarra-Navarro, J., Eldridge, S., & Wensley, A. K. P. (2014). Counter-knowledge and realizsed absorptive capacity. *European Management Journal*, 32, 165-176.

17 Cegarra-Navarro, J., & Sánchez-Polo, M. T. (2011). Influence of the open-mindedness culture on organizational memory: An empirical investigation of Spanish SMEs. *International Journal of Human Resource Management*, 22(1), 1-18.

18 Charan, R., Drotter, S., & Noel, J. (2001). *The leadership pipeline: How to build the leadership-powered company*. San Francisco, CA: Jossey-Bass.

19 Collins, A., Brown, J. S., & Holum, A. (1991). Cognitive apprenticeship: Making thinking visible. *American Educator*, 15(3), 6-11.

20 Conway, E., & Monks, K. (2011). Change from below: The role of middle managers in mediating paradoxical change. *Human Resource Management Journal*, 21(2), 190-203.

21 Cunliffe, A. L. (2004). On becoming a critically reflexive practitioner. *Journal of Management Education*, 28, 407-426.

22 Dalal, R. S., Baysinger, M., Brummel, B. J., & LeBreton, J. M. (2012). The relative importance of employee engagement, other job attitudes, and trait affect as predictors of job performance. *Journal of Applied Social Psychology*, 42(S1), E295-E325.

23 Demerouti, E., Bakker, A. B., & Gevers, J. M. P. (2015). Job crafting and extra-role behavior: The role of work engagement and flourishing. *Journal of Vocational Behavior*, 91, 87-96.

24 De Pater, I. E., Van Vianen, A. M., Bechtoldt, M. N., & Klehe, U. (2009). Employees' challenging job experiences and supervisors' evaluations of promotability. *Personnel Psychology*, 62, 297-325.

25 DeRue, D. S., & Wellman, N. (2009). Developing leaders via experience: The role of developmental challenge, learning orientation, and feedback availability. *Journal of Applied Psychology*, 94, 859-875.

26 Dierdorff, E. C., Rubin, R. S., & Morgeson, F. P. (2009). The milieu of managerial work: An integrative framework linking work context to role requirements. *Journal of Applied Psychology*, 94(4), 972-988.

27 Dong, Y., Seo, M., & Bartol, K. M. (2014). No plan, no gain: An affect-based model of developmental job experience and the buffering effects of emotional intelligence. *Academy of Management Journal*, 57(4), 1056-1077.

28 ドラッカー, P. F. (2006)(上田惇生訳)『経営者の条件』ダイヤモンド社 (pp.142-146). (Drucker, P. F. [2006] *The Effective Executive*. Harper.)

29 Dweck, C. S. (1986). Motivational process affecting learning. *American Psychologist*, 41(10), 1040-1048.

30 Dweck, C. S., & Leggett, E. L. (1988). A social-cognitive approach to motivation and personality. *Psychological Review*, 95(2), 256-273.

31 Engeström, Y. (1987). *Learning by expanding: An activity-theoretical approach to developmental research*. Hel-

sinki: Orienta-Konsultit.（山住勝広・松下佳代・百合草禎二・保坂裕子・庄井良信・手取義宏・高橋登訳［1999］『拡張による学習：活動理論からのアプローチ』新曜社）

32 エリクソン, E. H.（2011）（西平直・中島由恵訳）『アイデンティティとライフサイクル』誠信書房（Erikson, E. H.［1959］Identity and the life cycle. International University Press）.

33 Fang, C., Lee, J., & Schilling, M. A.（2010）. Balancing exploration and exploitation through structural design: The isolation of subgroups and organizational learning. *Organization Science*, 21, 625-642.

34 Flavell, J. H.（1979）. Metacognition and cognitive monitoring: A new area of cognitive-developmental inquiry. *American psychologist,* 34（10）, 906-911.

35 Ford, J. K., Smith, E. M., Weissbein, D. A., Gully, S. M., & Salas, E.（1998）. Relationship of goal orientation, metacognitive activity, and practice strategies with learning outcomes and transfer. *Journal of Applied Psychology*, 83（2）, 218-233.

36 Gray, D. E.（2007）. Facilitating management learning developing critical reflection through reflective tools. *Management Learning*, 38（5）, 495-517.

37 Gupta, A., Smith, K. G., & Shalley, C. E.（2006）. The interplay between exploration and exploitation. *Academy of Management Journal*, 49, 693-706.

38 羽生善治（2012）『直観力』PHP新書（p.165）.

39 Hambrick, D. C.（2007）. Upper echelons theory: An update. *Academy of Management Review*, 32, 334-343.

40 Hambrick, D. C., Humphrey, S. E., & Gupta, A.（2015）. Structural interdependence within top management teams: A key moderator of upper echelons predictions. *Strategic Management Journal*, 36, 449-461.

41 Hambrick, D. C., & Mason, P. A.（1984）. Upper echelons: The organization as a reflection of its top managers. *Academy of Management Review*, 9, 193-206.

42 Hardin, E. E., Weigold, I. K., Robischek, C., & Nixon, A. E.（2007）. Self-discrepancy and distress: The role of personal growth initiative. *Journal of Counseling Psychology*, 54（1）, 86-92.

43 林伸二（2000）『組織心理学』白桃書房.

44 林伸二（2020）『自信：自己効力感を高め仕事に成功する秘訣』風詠社（p.102）.

45 Hedberg, B. L. T.（1981）. How organizations learn and unlearn. In P. C. Nystrom, & W. H. Starbuck（Eds.）, *Handbook of organizational design*, Vol. 1（pp. 3-27）. New York, NY: Oxford University Press.

46 Hirst, G., van Knippenberg, D., & Zhou, J.（2009）. A cross-level perspective on employee creativity: Goal orientation, team learning behavior, and individual creativity. *Academy of Management Journal*, 52（2）, 280-293.

47 Hislop, D., Bosley, S., Coombs, C. R., & Holland, J.（2014）. The process of individual unlearning: A neglected topic in an under-researched field. *Management Learning*, 45（5）, 540-560.

48 ホッファー, E.（2003）（中本義彦訳）『魂の錬金術』作品社（Hoffer, E.［1955］*The passionate state of mind and other aphorisms.* Harper & Brothers. Hoffer, E.［1973］*Reflections on the human condition.* Harper & Row.）

49 Holmqvist, M. & Spicer, A.（2012）. The ambidextrous employee: Exploiting and exploring people's potential. *Research in the Sociology of Organizations*, 37, 1-23.

50 本田宗一郎（2000）『得手に帆をあげて：本田宗一郎の人生哲学』三笠書房（pp.46-47, 65）.

51 Hong, J. F. L., Easterby-Smith, M., & Snell, R. S.（2006）. Transferring organizational learning systems to Japanese subsidiaries in China. *Journal of Management Studies*, 43（5）, 1027-1058.

52 堀尾志保（2018）「管理職のアンラーニングと周囲からのサポートとの関連性に関する研究」『商学集志』88（3）, 23-54.

53 Hutzschenreuter, T., Kleindienst, I., & Greger, C.（2012）. How new leaders affect strategic change following a succession event: A critical review of the literature. *Leadership Quarterly*, 23, 729-755.

54 石山恒貴（2018）『越境的学習のメカニズム：実践共同体を往還しキャリア構築するナレッジ・ブローカーの実像』福村出版.

55 伊東昌子（2018）「職場への研修転移の促進」『産業教育学研究』48(1), 11-18.

56 伊東昌子（2020a）「熟達化と学習」『職場学習の心理学：知識の獲得から役割の開拓へ』（伊東昌子・渡辺めぐみ著）勁草書房.

57 伊東昌子（2020b）「経験からの学習：経験だけでは学べない」『職場学習の心理学：知識の獲得から役割の開拓へ』（伊東昌子・渡辺めぐみ著）勁草書房.

58 Jansen, J. J. P., Vera, D., & Crossan, M. (2009). Strategic leadership for exploration and exploitation: The moderating role of environmental dynamism. *Leadership Quarterly*, 20, 5-18.

59 神谷美恵子（2004）『生きがいについて』みすず書房（p.260）.

60 金井壽宏（2001）『仕事で一皮むける』光文社新書.

61 Katz, R. L., (1955). Skills of an effective administrator. *Harvard Business Review*, 33, 33-42.

62 Kember, D., Leung, D. Y. P., Jones, A., Loke, A.Y., McKay, J., Sinclair, K., … Yeung, E. (2000). Development of a questionnaire to measure the level of reflective thinking. *Assessment & Evaluation in Higher Education*, 25(4), 381-395.

63 北川信一郎（2018）「公衆衛生医師の経験学習と人材育成」『医療プロフェッショナルの経験学習』同文舘出版.

64 Klammer, A., & Gueldenberg, S. (2019). Unlearning and forgetting in organizations: A systematic review of literature. *Journal of Knowledge Management*, 23(5), 860-888.

65 Kluge, A., Schüffler, A. S., Thim, C., Haase, J., & Gronau, N. (2019). Investigating unlearning and forgetting in organizations. *The Learning Organization*, 26(5), 518-533.

66 Kmieciak, R. (2020). Critical reflection and innovative work behavior: the mediating role of individual unlearning. *Personnel Review*, https://doi.org/10.1108/PR-10-2018-0406

67 Kolb, D. A. (1984). *Experiential learning: Experience as the source of learning and development*. Englewood Cliffs, NJ: Prentice Hall.

68 楠見孝 (2020)「熟達したホワイトカラーの実践的スキルとその継承における課題」『日本労働研究雑誌』62(11), 85-98.

69 Lavie, D., Stettner, U., & Tushman, M. L. (2010). Exploration and exploitation within and across organizations. *Academy of Management Annals*, 4, 109-155.

70 Lazer, D., & Friedman, A. (2007). The network structure of exploration and exploitation. *Administrative Science Quarterly*, 52, 667-694.

71 Leal-Rodríguez, A. L., Eldridge, S., Roldán, J. L., Leal-Millán, A. G., & Ortega-Gutiérrez, J. (2015). Organizational unlearning, innovation outcomes, and performance: The moderating effect of firm size. *Journal of Business Research*, 68, 803-809.

72 Lee, L. T., & Sukoco, B. M. (2011). Reflexivity, stress, and unlearning in the new product development team: The moderating effect of procedural justice. *R&D Management*, 41(4), 410-423.

73 Levitt, B., & March, J. G. (1988). Organizational learning. *Annual Review of Sociology*, 14, 319-340.

74 Locke, E. A., & Latham, G. P. (2002). Building a practically useful theory of goal setting and task motivation: A 35-year odyssey. *American Psychologist*, 57(9), 705-717.

75 Lombardo, M. M., & Eichinger, R. W. (2010). *The career architect: Development planner, 5th ed*. Minneapolis, MN: Lominger International.

76 Lu, C., Wang, H., Lu, J., Du, D., & Bakker, A. B. (2014). Does work engagement increase person-job fit? The

role of job crafting and job insecurity. *Journal of Vocational Behavior*, 84, 142-152.

77 March, J. G.（1991）. Exploration and exploitation in organizational learning. *Organization Science*, 2, 71-87.

78 Martin, J. A.（2011）. Dynamic managerial capabilities and the multibusiness team: The role of episodic teams in executive leadership groups. *Organization Science*, 22（1）, 118-140.

79 松本雄一（2019）『実践共同体の学習』白桃書房.

80 松尾睦（2018）「救急救命医師の経験学習プロセス」『医療プロフェッショナルの経験学習』同文舘出版.

81 Matsuo, M.（2018）Goal orientation, critical reflection, and unlearning: An individual-level study. *Human Resource Development Quarterly*, 29, 49-66.

82 松尾睦（2019）『部下の強みを引き出す経験学習リーダーシップ』ダイヤモンド社.

83 Matsuo, M.（2019a）. Critical reflection, unlearning, and engagement. *Management Learning*, 50（4）, 465-481

84 Matsuo, M.（2019b）. Personal growth initiative as a predictor of psychological empowerment: The mediating role of job crafting. *Human Resource Development Quarterly*, 30, 343-360.

85 Matsuo, M.（2019c）. Empowerment through self-improvement skills: The role of learning goals and personal growth initiative. *Journal of Vocational Behavior*, 115, 103311. https://doi.org/10.1016/j.jvb.2019.05.008

86 Matsuo, M.（2019d）. The unlearning of managerial skills: A qualitative study of executive officers. *European Management Review,* 16, 303-315.

87 Matsuo, M.（2020）. Managers' exploration activities and individual unlearning: The mediating role of learning orientation and reflection. *International Journal of Human Resource Management*, 31（5）, 638-656.

88 McCauley, C. D., Ruderman, M. N., Ohlott, P. J., & Morrow, J. E.（1994）. Assessing the developmental components of managerial jobs. *Journal of Applied Psychology*, 79, 544-560.

89 Mezirow, J.（1990）. How critical reflection triggers transformative learning. In J. Mezirow & Associates（Eds.）,

Fostering critical reflection in adulthood: A guide to transformative and emancipatory learning (pp. 1-20). San Francisco, CA: Jossey-Bass.

90 Mezirow, J. (1991). *Transformative dimensions of adult learning*. San Francisco, CA: Jossey-Bass.

91 Mezirow, J. (1997). Transformative learning: Theory to practice. *New Directions for Adult and Continuing Education*, 74, 5-12.

92 Mezirow, J (2000). Learning to think like an adult: Core concepts of transformation theory. In J. Mezirow (Ed.), *Learning as transformation: Critical perspectives on a theory in progress* (pp. 3-33). San Francisco, CA: Jossey-Bass.

93 Mintzberg, H. (1971). Managerial work: Analysis from observation. *Management Science*, 18, 97-110.

94 Mintzberg, H. (1973). *The nature of managerial work*. New York, NY: Harper Collins Publishers.

95 三品和広（2004）『戦略不全の論理：慢性的な低収益の病からどう抜け出すか』東洋経済新報社.

96 Mom, T. J., Fourné, S. P. L., & Jansen, J. J. P. (2015). Managers' work experience, ambidexterity, and performance: The contingency role of the work context. *Human Resource Management*, 54(S1), S133-S153.

97 Mom, T. J. M., van den Bosch, F. A. J., & Volberda, H. W. (2007). Investigating managers' exploration and exploitation activities: The influence of top-down, bottom-up, and horizontal knowledge inflows. *Journal of Management Studies*, 44, 910-931.

98 Mom, T. J., van den Bosch, F. A. J., & Volberda, H. W. (2009). Understanding variation in managers' ambidexterity: Investigating direct and interaction effects of formal structural and personal coordination mechanisms. *Organization Science*, 20, 812-828.

99 中原淳（2012）『経営学習論』東京大学出版会.

100 中原淳（2014a）「『職場における学習』の探求」『組織科学』48(2), 28-37.

101 中原淳（2014b）『駆け出しマネジャーの成長論：7つの挑戦課題を「科学」する』中央公論新社.

102 中本龍市・野口寛樹（2017）「探索と活用がアンラーニングに与える影響：専門職個人レベルの定量分析」『商学論集』86（2）, 1-12.

103 Nelson, T. O., & Narens, L.（1994）. Why investigate metacognition? In J. Metcalfe & P. Shimamura（Eds.）, *Metacognition: Knowing about knowing*（pp. 1-25）, Cambridge, MA: MIT Press.

104 Nelson, R. R., & Winter, S. G.（1982）. *An evolutionary theory of economic change.* Cambridge, MA: Harvard University Press.

105 Nissen, C., Swarowsky, C., & Leiz, M.（2010）. Age and adaptation to changes in the workplace. *Journal of Managerial Psychology*, 25（4）, 356-383.

106 Noordzij, G., van Hooft, E. J., van Mierlo, H., van Dam, A., & Born, M. P.（2013）. The effects of a learning-goal orientation training on self-regulation: A field experiment among unemployed job seekers. *Personnel Psychology*, 66, 723-755.

107 Nystrom, P. C., & Starbuck, W. H.（1984）. To avoid organizational crises, unlearn. *Organizational Dynamics,* 12（4）, 53-65.

108 岡本太郎（2005）『壁を破る言葉』イーストプレス（p.63）.

109 O'Reilly, C. A., & Tushman, M. L.（2013）. Organizational ambidexterity: Past, present, and future. *Academy of Management Perspectives*, 27, 324-338.

110 Payne, S. C., Youngcourt, A. A., & Beaubien, J. M.（2007）. A meta-analytic examination of the goal orientation nomological net. *Journal of Applied Psychology*, 92, 128-150.

111 Peltier, J.W., Hay, A., & Drago, W.（2005）. The reflective learning continuum: Reflecting on reflection. *Journal of Marketing Education*, 27（3）, 250-263.

112 Raelin J. A. (2002). "I don't have time to think!" versus the art of reflective practice. *Reflection,* 4(1), 66-79.

113 Raisch, S., & Birkinshaw, J. (2008). Organizational ambidexterity: Antecedents, outcomes, and moderators. *Journal of Management*, 34, 375-409.

114 Reynolds, M. (1998). Reflection and critical reflection in management learning. *Management Learning*, 29(2), 183-200

115 Robitschek, C., Amy, Y. Villalba, R., & Shigemoto, Y. (2019) Personal growth Initiative: A robust and malleable predictor of treatment outcome for depressed partial hospital patients. *Journal of Affective Disorders*, 246(1), 548-555.

116 Robitschek, C., Ashton, M. W., Spering, C. C., Geiger, N., Byers, D., Schotts, G. C., & Thoen, M. A. (2012). Development and psychometric evaluation of the personal growth initiative scale-II. *Journal of Counseling Psychology*, 59(2), 274-287.

117 Robitschek, C., & Cook, S. W. (1999). The influence of personal growth initiative and coping styles on career exploration and vocational identity. *Journal of Vocational Behavior*, 54, 127-141.

118 佐伯胖（2012）「『まなびほぐし（アンラーン）』のすすめ」苅宿俊文・佐伯胖・高木光太郎（編）『ワークショップと学び１：まなびを学ぶ』東京大学出版会(pp. 27-68).

119 Saks, A. M. (2006). Antecedents and consequences of employee engagement. *Journal of Managerial Psychology*, 21(7), 600-619.

120 Schaufeli, W. B., Bakker, A. B., & Salanova, M. (2006). The measurement of work engagement with a short questionnaire. *Educational and Psychological Measurement*, 66(4), 701-716.

121 Schaufeli, W. B., Taris, T. W., & van Rhenen, W. (2008). Workaholism, burnout, and work engagement: Three of a kind or three different kinds of employee well-being? *Applied Psychology: An International Review*, 57(2), 173-

203.
122 Schön, D. A. (1983). *The reflective practitioner: How professionals think in action*. New York, NY: Basic Books (柳沢昌一・三輪健二監訳『省察的実践とは何か：プロフェッショナルの行為と思考』鳳書房)
123 柴田友厚・馬場靖憲・鈴木潤 (2017)「探索戦略の迷走」『赤門マネジメント・レビュー』16(5), 213-232.
124 柴田友厚・児玉充・鈴木潤 (2017)「二刀流組織からみた富士フイルムの企業変貌プロセス」『赤門マネジメント・レビュー』16(1), 1-22.
125 Shigemoto, Y., Low, B., Borowa, D., & Robitschek, C. (2017). Function of personal growth initiative on post-traumatic growth, posttraumatic stress, and depression over and above adaptive and maladaptive rumination. *Journal of Clinical Psychology*, 73(9), 1126-1145.
126 島津明人 (2017)「健康でいきいきと働くために: ワーク・エンゲイジメントに注目した組織と個人の活性化」『心身健康科学』13(1), 20-22.
127 島津明人 (2020) 島津明人研究室ホームページ (https://hp3.jp/tool/uwes) 2020年2月23日ダウンロード
128 Sirmon, D. G., & Hitt, M. A. (2009). Contingencies within dynamic managerial capabilities: Interdependent effects of resource investment and development on firm performance. *Strategic Management Journal*, 30, 1375-1394.
129 Spreitzer, G. M. (1995). Psychological empowerment in the workplace: Dimensions, measurement, and validation. *Academy of Management Journal*, 38(5), 1442-1465.
130 Spreitzer, G. M. (2008). Taking stock: A review of more than twenty years of research on empowerment at work. In C. Cooper, & J. Barling (Eds.), *Handbook of organizational behavior* (pp. 57-72). Thousand Oaks, CA: Sage.
131 Stettner, U., & Lavie, D. (2014). Ambidexterity under scrutiny: Exploration and exploitation via internal organization, alliances, and acquisitions. *Strategic Management Journal*, 35, 1903-1929.
132 Strauss, A., & Corbin, J. (1990). *Basics of qualitative research: Grounded theory procedures and techniques*.

Thousand Oaks, CA: Sage.（南裕子監訳，操華子・森岡崇・志自岐康子・竹崎久美子訳『質的研究の基礎：グラウンデッド・セオリーの技法と手順』医学書院）

133　髙橋潔・中森孝文・オクサナ・アルシンニコヴァ（2016）「組織の断捨離：アンラーニング現象の概念的・経験的検討」（経営行動科学学会第19回年次大会），東京，明治大学.

134　高橋義文（1994）「ニーバーの「冷静を求める祈り」（The Serenity Prayer）：その歴史・作者・文言をめぐって」『聖学院大学総合研究所紀要』4, 242-271.

135　田中聡・中原淳（2017）「新規事業創出経験を通じた中堅管理職の学習に関する実証的研究」『経営行動科学』30(1) 13-29.

136　田中聡・中原淳（2018）「中堅管理職における新規事業創出経験者の学習促進要因：学習目標志向性を媒介とした要因間の影響過程に着目して」『日本労務学会誌』19(2), 4-17.

137　田澤耕（2011）『ガウディ伝：「時代の意志」を読む』中公新書（p.262）.

138　Tsang, E. W. K.（2008）. Transferring knowledge to acquisition joint ventures: An organizational unlearning perspective. *Management Learning*, 39, 5-20.

139　Tsang, E. W. K., & Zahra, S. A.（2008）. Organizational unlearning. *Human Relations*, 61(10), 1435-1462.

140　築部卓郎（2020）『認知的徒弟制と心臓外科医の熟達プロセスに関する研究』北海道大学経済学院博士論文.

141　鶴見俊輔（編）（2010）『新しい風土記へ：鶴見俊輔座談』朝日新聞出版.

142　Ugwu, F. O., Onyishi, I. E., & Rodriguez-Sanchez, A. M.（2014）. Linking organizational trust with employee engagement: The role of psychological empowerment. *Personnel Review*, 43(3), 377-400.

143　Vandewalle, D.（1997）. Development and validation of a work domain goal orientation instrument. *Educational and Psychological Measurement*, 57, 995-1015.

144 Vandewalle, D., Brown, S. P., Cron, W. L., & Slocum, J. W. (1999). The influence of goal orientation and self-regulation tactics on sales performance: A longitudinal field test. *Journal of Applied Psychology*, 84(2), 249-259.

145 Vandewalle, D., Nerstad, C. G., & Dysvik, A. (2019). Goal orientation: A review of the miles traveled and the miles to go. *Annual Review of Organizational Psychology and Organizational Behavior*, 6, 115-144.

146 Visser, M. (2017). Learning and unlearning: A conceptual note. *The Learning Organization*, 24(1), 49-57.

147 Wang, L., & Yan, F. (2018). Emotion regulation strategy mediates the relationship between goal orientation and job search behavior among university seniors. *Journal of Vocational Behavior*, 108, 1-12.

148 Wang, S., & Liu, Y. (2015). Impact of professional nursing practice environment and psychological empowerment on nurses' work engagement: test of structural equation modelling. *Journal of Nursing Management*, 23(3), 287-296.

149 Weigold, I. K., Porfeli, E. J., & Weigold, A. (2013). Examining tenets of personal growth initiative using the personal growth initiative scale-II. *Psychological Assessment*, 25(4), 1396-1403.

150 West, M. A. (2000). Reflexivity, revolution and innovation in work teams. In M. M. Beyerlein, D. A. Johnson, & S. T. Beyerlein (Eds.), *Product development teams* (Vol. 5, pp. 1-29). Stamford CT: JAI Press.

151 Yalabik, Z. Y., van Rossenberg, Y., Kinnie, N., & Swart, J. (2015). Engaged and committed? The relationship between work engagement and commitment in professional service firms. *International Journal of Human Resource Management*, 26(12), 1602-1621.

152 米長邦雄（2006）『不運のすすめ』角川書店（p.95）.

153 吉本ばなな（2015）『おとなになるってどんなこと？』ちくまプリマー新書（p.119）.

154 Zhao, Y., Lu, Y., & Wang, X. (2013). Organizational unlearning and organizational relearning: A dynamic process of knowledge management. *Journal of Knowledge Management*, 17(6), 902-912.

資料について

以下では、3から5章で紹介した、質問紙調査の「調査対象」と「測定尺度」および6章の調査方法について説明します。

測定尺度は、海外の既存研究において開発されたものを日本語に訳して使用していますので、オリジナルの英語版と日本語翻訳版の内容を一致させるためにバックトランスレーション（back translation）を行っています。具体的には、日本語に訳した項目を、英語を母語とするバイリンガルが英語に訳し、その訳がオリジナルの項目と一致しているかをチェックし、もし一致していない場合には日本語訳を修正するという手続きをとっています。[15] ただし、米国で実施した調査に関しては、英語によるオリジナルの測定尺度を用いてます。

なお、本書の分析では、同じ概念であっても、異なる測定尺度を用いたり、他の尺度の項目を追加しているケースがあります（例えば、アンラーニング・学習志向・内省・批判的内省の測定尺度）。また、アンラーニングの測定尺度については、項目は同じでも、設問文が異なる場合があります。この点については、異なる測定尺度を用いても、同様の結果が得られた場合に、発見事実がより一般化できると考えました。

資料A　3章における調査方法と分析結果

●目標・内省モデルの調査

○調査対象

調査対象は、自治体に勤務する職員、人材コンサルティング企業の研修講師、複数病院に勤務する看護師です。417名に対して質問票を配布し、271名から回答を得ました（自治体職員91名、研修講師73名、看護師107名）。

回答者の48・7％は女性であり、仕事経験年数は平均21・2年、年齢は、20代24・4％、30代37・3％、40代以上38・3％でした。職位はスタッフレベル37・7％、主任・係長レベル45・4％、課長レベル16・9％です。

○測定尺度

学習志向

あなたの仕事に対する考え方についてお伺いします。

（⑤全くその通り　④その通り　③どちらともいえない　②違う　①全く違う）

・難しい仕事をやり遂げることができなかったときには、その次に頑張るようにしている
・新しく学ぶことを要求される仕事が好きだ
・非常に難しい仕事に取り組むとき、私は最善をつくす
・私の能力の幅を広げる機会を大切にしている
・問題を解決するのが難しいとき、違うアプローチを探すことが好きである

（出所）Button et al.（1996）[14]

業績志向

あなたの仕事に対する考え方についてお伺いします。

（⑤全くその通り　④その通り　③どちらともいえない　②違う　①全く違う）

・私は不得意なことよりも、得意なことをする方が好きである
・自分が得意なことをするときが最も楽しい
・私がどのくらい上手く仕事ができるかについて、他者から意見をもらうことを大切にしている
・間違いなく何かをやり遂げたとき、自分が有能であると感じる
・過去にうまくできた仕事をするのが好きである

（出所）Button et al.（1996）[14]

内省

あなたがどの程度、仕事を振り返ったり、見直したりしているかについてお伺いします。

（⑤全くその通り　④その通り　③どちらともいえない　②違う　①全く違う）

- 仕事上の目標を見直すことが多い
- 自分がうまく働けているかどうかを振り返ることが多い
- 仕事の進め方を見直すことが多い
- 状況の変化に応じて仕事上の目標を修正している
- 仕事のアプローチを見直すことが多い

（出所）West（2000）[150]

（注）8項目から成る尺度から5項目を選択しました。

批判的内省

あなたがどの程度、仕事を振り返ったり、見直したりしているかについてお伺いします。

（⑤全くその通り　④その通り　③どちらともいえない　②違う　①全く違う）

- 自分を評価する基準を見直すことが多い
- 自分が固く信じていることを疑ってみることがある
- ふだん実施しているやり方を考え直すことが多い

・以前正しいと信じていたことが間違いであったことに気づくことがある

（出所）Kember et al.（2000）[62]

（注）高等教育向けの測定尺度であるため、表現を職場向けに修正しています。

アンラーニング

あなた自身の変化についてお伺いします。最近、以下の点をどの程度変えましたか？

（⑤大きく変えた　④ある程度変えた　③どちらともいえない　②あまり変えていない　①全く変えていない）

・技術や業務についての考え方や信念
・組織を取り巻く外部環境についての考え方や信念
・顧客（患者）のニーズについての考え方や信念
・仕事の手続きや方法
・情報収集や共有の方法
・意思決定のプロセスや方法

（出所）Akgün et al.（2006）[3]

（注）この尺度[3]は、プロジェクトチームにおけるアンラーニングを測定するものですが、本研究では、この尺度を基に個人レベルのアンラーニング尺度を開発しました。

○共分散構造分析の結果（目標・内省モデル）

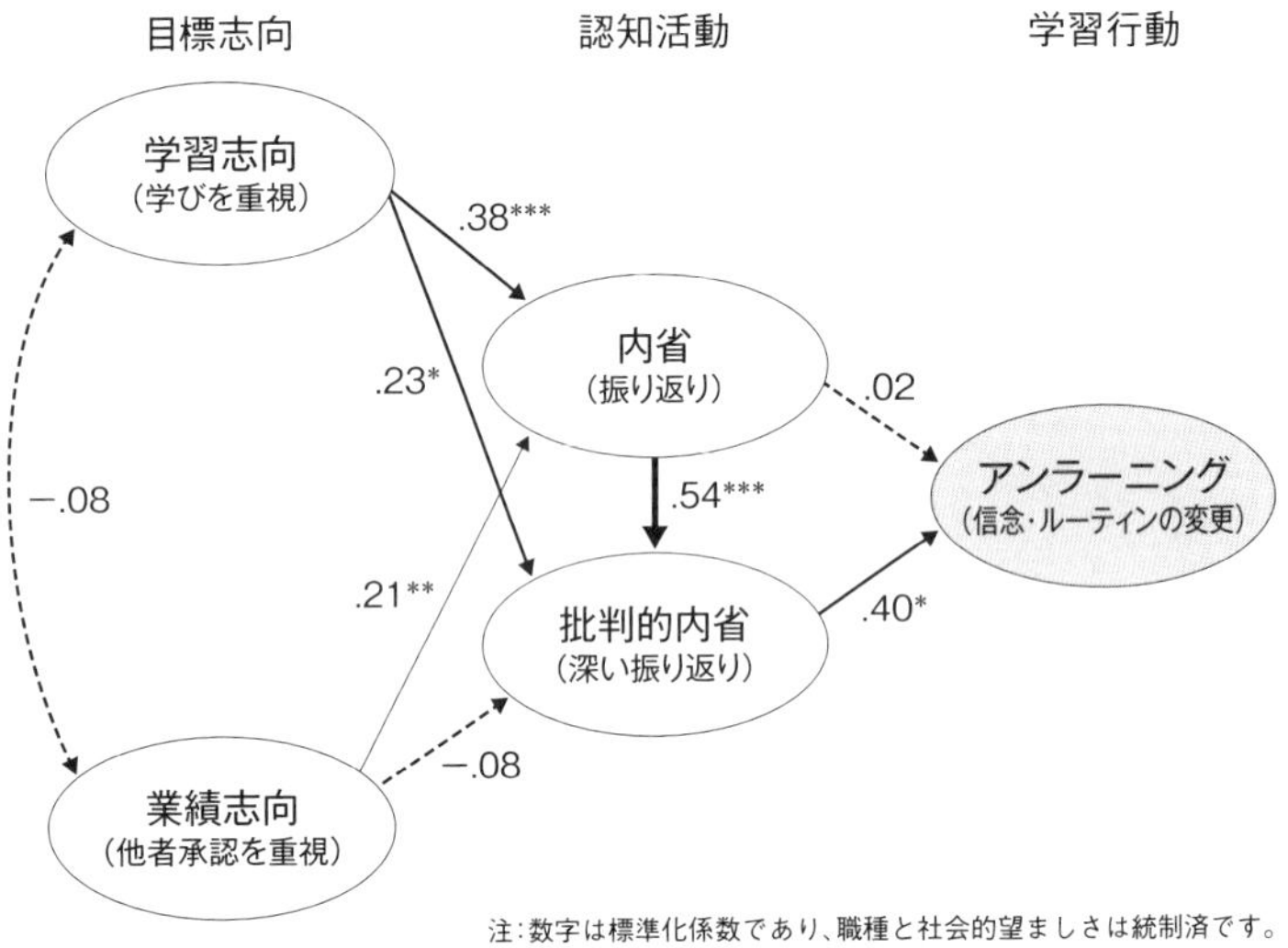

注：数字は標準化係数であり、職種と社会的望ましさは統制済です。
　*p<.05、**p<.01、***p<.001

●内省・働きがいモデルの調査

○調査対象

調査対象は、米国のさまざまな組織で働く従業員301名です。調査は、米国のインターネット調査会社を通じて行いました。

回答者が所属する組織の規模（従業員数）は、99名以下29・2％、100～499名20・9％、500～999名14・0％、1000～4999名14・6％、5000～9999名10・0％、10000名以上11・3％でした。組織の業種は、製造業11・0％、サービス業58・1％、小売・卸業5・7％、その他25・2％です。回答者の職種は、営業部門11・3％、スタッフ部門43・2％、技術部門8・0％、研究開発部門3・7％、生産部門7・6％、その他26・2％です。

回答者の49・2％は女性であり、年齢は、20代18・6％、30代54・9％、40代24・9％、50代以上1・7％、職位はスタッフレベル28・2％、主任レベル28・9％、係長レベル9・3％、課長レベル27・2％、上級管理者レベル6・5％です。

○測定尺度

内省（目標・内省モデル調査における尺度とは若干異なる項目が含まれています）

あなたがどの程度、仕事を振り返ったり、見直したりしているかについてお伺いします。

（⑤全くその通り　④その通り　③どちらともいえない　②違う　①全く違う）

・仕事上の目標を見直すことが多い
・自分がうまく働けているかどうかを振り返ることが多い
・仕事の進め方を見直すことが多い
・仕事のアプローチを見直すことが多い
・自分の経験を見直して学ぶことが多い
・どうしたら次に改善できるかを考えることが多い
・過去の経験を吟味して、新しいアイデアを出すことが多い

（出所）West（2000）[150]から4項目、Peltier et al.（2005）[111]から3項目を選択しました。

批判的内省（目標・内省モデル調査における尺度とは若干異なる項目が含まれています）

あなたがどの程度、仕事を振り返ったり、見直したりしているかについてお伺いします。

（⑤全くその通り　④その通り　③どちらともいえない　②違う　①全く違う）

・仕事について私が抱いている前提を考え直すことが多い
・自分自身について深く理解しようとしている
・自分が世の中をどのように見ているかを考え直すことが好きだ
・自分自身の学習プロセスについて考えることが多い
・自分を評価する基準を見直すことが多い
・自分が固く信じていることを疑ってみることがある

・ふだん実施しているやり方を考え直すことが多い

（出所）Peltier et al.（2005）[111] から4項目、Kember et al.（2000）[62] から3項目を選択しました。

アンラーニング（目標・内省モデル調査の尺度に2項目加えています。また、設問文を少し変えています）

あなた自身の変化についてお伺いします。最近、時代に合わなくなった考え方や信念を捨てたり、有効ではなくなった仕事の進め方を取り止める形で、以下の点をどの程度変えましたか？

（⑤大きく変えた　④ある程度変えた　③どちらともいえない　②あまり変えていない　①全く変えていない）

・技術的な改善についての考え方や信念
・組織を取り巻く外部環境についての考え方や信念
・顧客（利用者・関係者）のニーズについての考え方や信念
・仕事の手続きや方法
・情報の収集・共有の方法
・仕事の計画
・職務遂行のためのツール（情報機器やソフト等）
・意思決定のプロセスや方法

（出所）Akgün et al.（2006）[3] を基に作成。

（注）目標・内省モデルにおけるアンラーニング尺度に「仕事の計画」「職務遂行のためのツール（情報機器やソフト等）」の2項目を加えました。

ワーク・エンゲージメント

仕事をしているときの、あなたの状態についてお伺いします。

（⑤常に　④頻繁に　③時々　②まれに　①全くない）

・仕事をしているとき、活力が満ちている感じがする
・仕事をしているとき、自分の中に力強さや活力を感じる
・自分の仕事に夢中になっている
・仕事は、私にやる気を与えてくれる
・朝目覚めたとき、仕事がしたくなる
・集中して仕事をしているとき、幸せを感じる
・自分の仕事に誇りを感じる
・仕事に打ち込んでいる
・仕事をしていると、テンションが上がる

（出所）Schaufeli et al.（2006）[120]
（注）島津（2020）[127]を参考に翻訳。

○共分散構造分析の結果（内省・働きがいモデル）

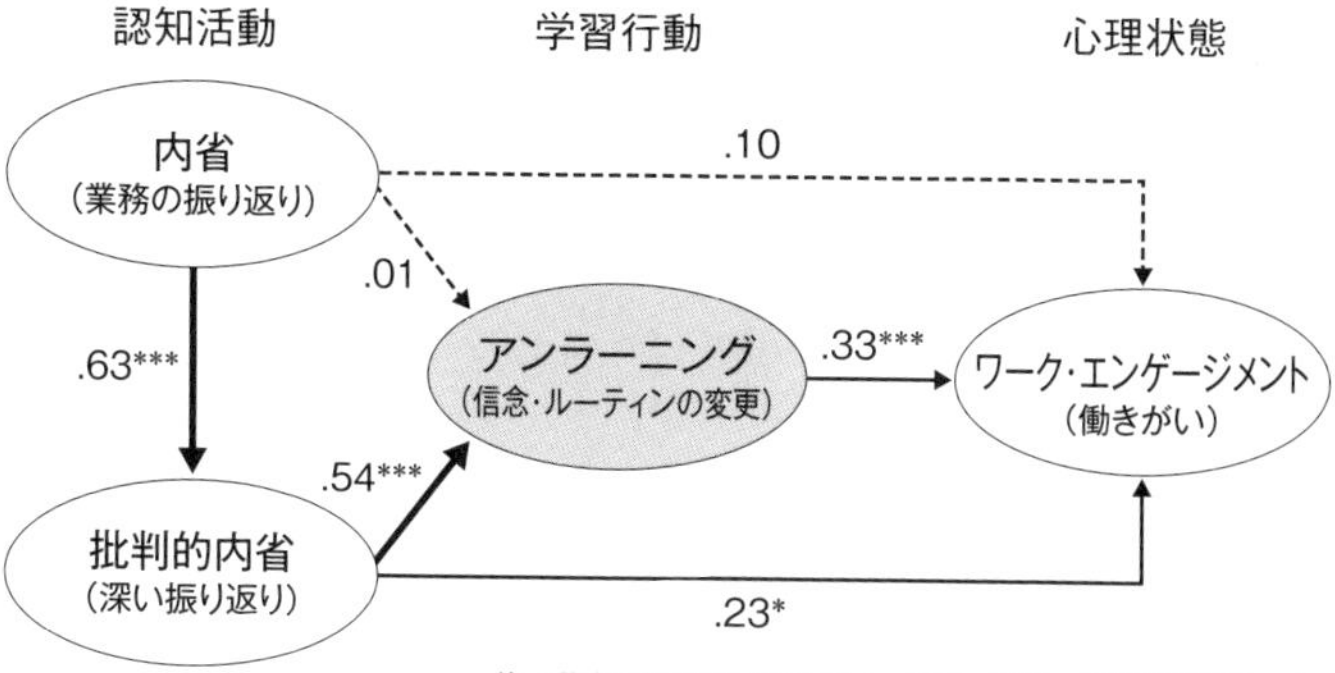

注：数字は標準化係数であり、性別、職位、年齢は統制済です。
*p<.05、**p<.01、***p<.001

資料B　4章における調査方法と分析結果

●自己変革モデルの調査

○調査対象（米国データ）

調査対象は、米国のさまざまな組織で働く従業員320名です。調査は、米国のインターネット調査会社を通じて行いました。ただし、内省・働きがいモデルの調査データとは異なります。

回答者が所属する組織の規模（従業員数）は、99名以下28・1%、100～499名19・7%、500～999名13・40%、1000～4999名19・1%、5000～9999名4・7%、10000名以上15・0%でした。組織の業種は、製造業28・1%、サービス業27・2%、小売・卸業13・4%、その他31・3%です。回答者の職種は、営業部門12・5%、スタッフ部門34・7%、技術部門10・9%、研究開発部門6・6%、生産部門13・4%、その他21・9%です。

回答者の41・2%は女性であり、年齢は、20代7・2%、30代17・5%、40代28・7%、50代以上46・6%、職位はスタッフレベル2・8%、主任レベル22・8%、係長レベル4・7%、課長レベル30・6%、上級管理者レベル39・1%です。

○調査対象（国内データ）

調査対象は、A病院（215名）、B病院（85名）、C病院（56名）の職員です（合計356名）。回答者の職種は、事務職員21・9％、看護師59・3％、各種技師14・0％、その他4・8％です。また、回答者の73・9％は女性であり、仕事経験年数は平均18・5年、年齢は、20代5・9％、30代18・5％、40代36・5％、50代以上39・1％でした。職位はスタッフレベル9・3％、主任・係長レベル13・2％、課長レベル53・4％、次長以上21・0％、その他3・1％です。

○測定尺度

自己変革スキル

あなた自身が変化しようとする姿勢についてお伺いします。

（⑤全くその通り　④その通り　③どちらともいえない　②違う　①全く違う）。

変革準備

- 自分の中で何かを変える準備ができているかどうかがわかる
- 自分の中で変える必要があることを理解している
- 自分の中でいつ何かを変える必要があるかを知っている
- 自分の中で何かを変えるべきタイミングを知っている

計画性

- 自分の中で変えたいと思うことについて、現実的な目標を立てている
- 自分を変えるための、現実的な目標の立て方を知っている
- 自分を変えようとするとき、成長のための現実的な計画を立てている
- 自分を変えるための、現実的な計画の立て方を知っている
- 自分が意図した変化を実現するための手順や方法を知っている

資源の活用

- 自分を変えようとするとき、支援が得られるように頼んでいる
- 成長しようとするとき、さまざまな資源を活用している
- 自分を変えようとするとき、積極的に支援を探し求めている

意図的行動

- 成長の機会があれば、見逃さない
- 自分自身を積極的に向上させようとしている
- 人として成長しようと常に心がけている
- 人として成長する機会を求めている

（出所）Robitschek et al.（2012）[116]

アンラーニング

あなた自身の変化についてお伺いします。最近、時代に合わなくなった考え方や信念を捨てたり、有効ではなくなった仕事の進め方を取り止める形で、以下の点をどの程度変えましたか？

（⑤大きく変えた　④ある程度変えた　③どちらともいえない　②あまり変えていない　①全く変えていない）

- 技術や業務についての考え方や信念
- 組織を取り巻く外部環境についての考え方や信念
- 顧客（患者）のニーズについての考え方や信念
- 仕事の手続きや方法
- 情報収集や共有の方法
- 意思決定のプロセスや方法

（出所）Akgün et al.（2006）[3]を基に作成。

ワーク・エンゲージメント

内省・働きがいモデルの調査で用いた測定尺度を使用しました（186ページ）。

○共分散構造分析の結果（自己変革モデル：米国データ）

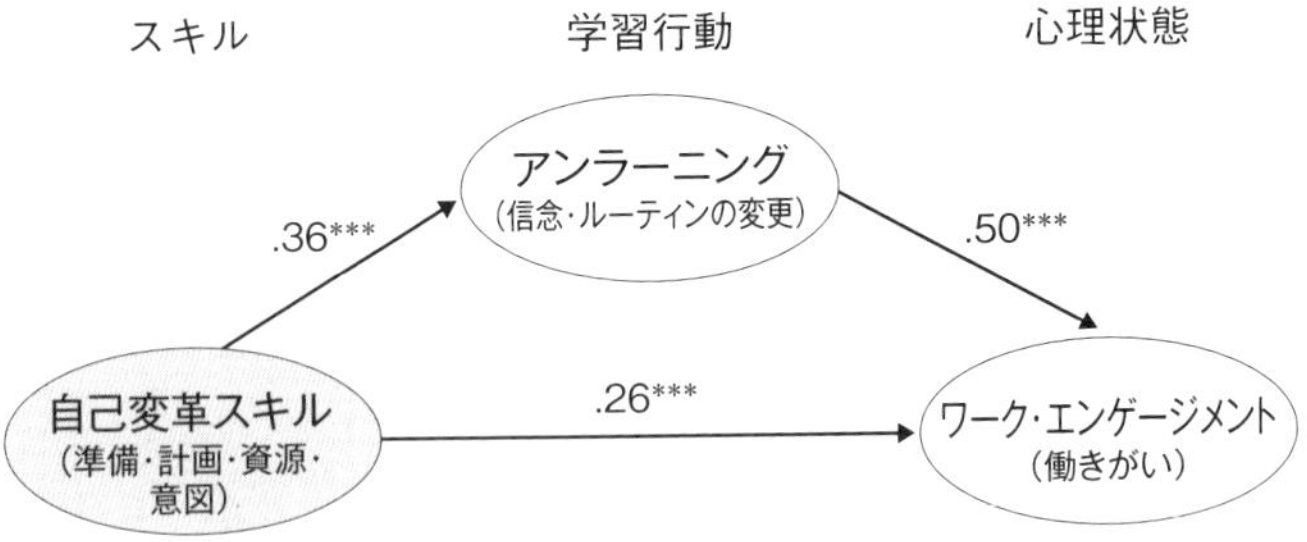

注：数字は標準化係数であり、性別と経験年数は統制済です。
*p<.05、**p<.01、***p<.001

○共分散構造分析の結果（自己変革モデル：国内データ）

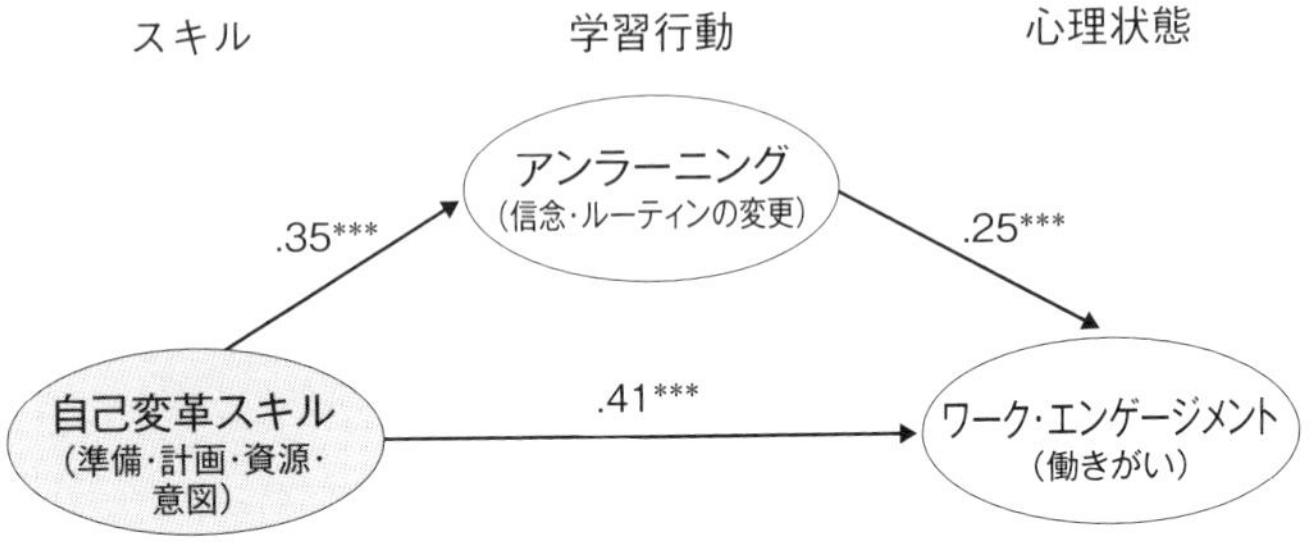

注：数字は標準化係数であり、性別と経験年数は統制済です。
*p<.05、**p<.01、***p<.001

●参考研究（自己変革の決定要因）の調査

○調査対象

調査対象は、急性期病院で働くスタッフレベルの看護師365名です。回答者の89・6％は女性であり、仕事経験年数は平均6・0年、年齢は、20代55・6％、30代23・8％、40代16・2％、50代以上4・4％でした。

○測定尺度

学習志向

あなたの仕事に対する考え方についてお伺いします。

（⑤全くその通り　④その通り　③どちらともいえない　②違う　①全く違う）。

- 自分の能力を高めるために、仕事に関係する資料を読むことが多い
- 多くを学ぶことができる挑戦的な仕事に取り組みたい
- 新しいスキルや知識を獲得する機会を求めることが多い
- 新しいスキルを身につけることができる挑戦的で難しい仕事が好きである
- たとえリスクをおかしても、自分の仕事上の能力を高めることは大切である
- 高いレベルの能力や才能が要求される状況で働くことが好きである

（出所）Vandewalle（1997）[143]

挑戦的仕事

あなたの仕事内容についてお伺いします。

（⑤常に　④頻繁に　③時々　②まれに　①全くない）

- 部門内で、何か新しいことに挑戦したり、計画的に変革を起こす責任を担っている
- 私は注目されている仕事を任されているため、成功や失敗が他者に伝わりやすい
- さまざまなプロジェクト、サービス、チーム、技術など、幅広い仕事上の責任を負っている
- 効果的に仕事をするために、自分の公式的な権限が及ばない人々、例えば他部門で働く管理者や重要人物を動かさなければいけない
- 外部の会議で発表したり組織を代表するなど、定期的に公の場に出ることがある
- 同僚がリスクを感じるような仕事を実行する責任を負っている
- 管理者にとって、私は組織内の特定プロジェクトを代表するような存在である

（出所）De Pater et al.（2009）[24]

心理的エンパワーメント

今の仕事の特性や、あなたの仕事ぶりについてお伺いします。

（⑤全くその通り　④その通り　③どちらともいえない　②違う　①全く違う）

（意味）

- 私が行っている仕事は自分にとって大変重要である

・私の業務活動は個人的に意味がある
・私が行っている仕事は自分にとって意味がある

（能力）

・仕事を実行する能力について自信がある
・仕事上の活動を行う能力を持っていると確信している
・仕事に必要なスキルを習得している

（自己決定）

・仕事の進め方について裁量権を持っている
・仕事をどのように進めるかを決めることができる
・仕事の方法を自由に決める機会が多い

（影響）

・職場で起こることに対し、私の影響力は大きい
・職場で起こるたいていのことはコントロールできる
・職場で起こることに対して大きな影響力を持っている

（出所）Spreitzer（1995）[129]

自己変革

自己変革モデルの調査で用いた測定尺度を使用しました（189～190ページ）

○共分散構造分析の結果（自己変革の決定要因）

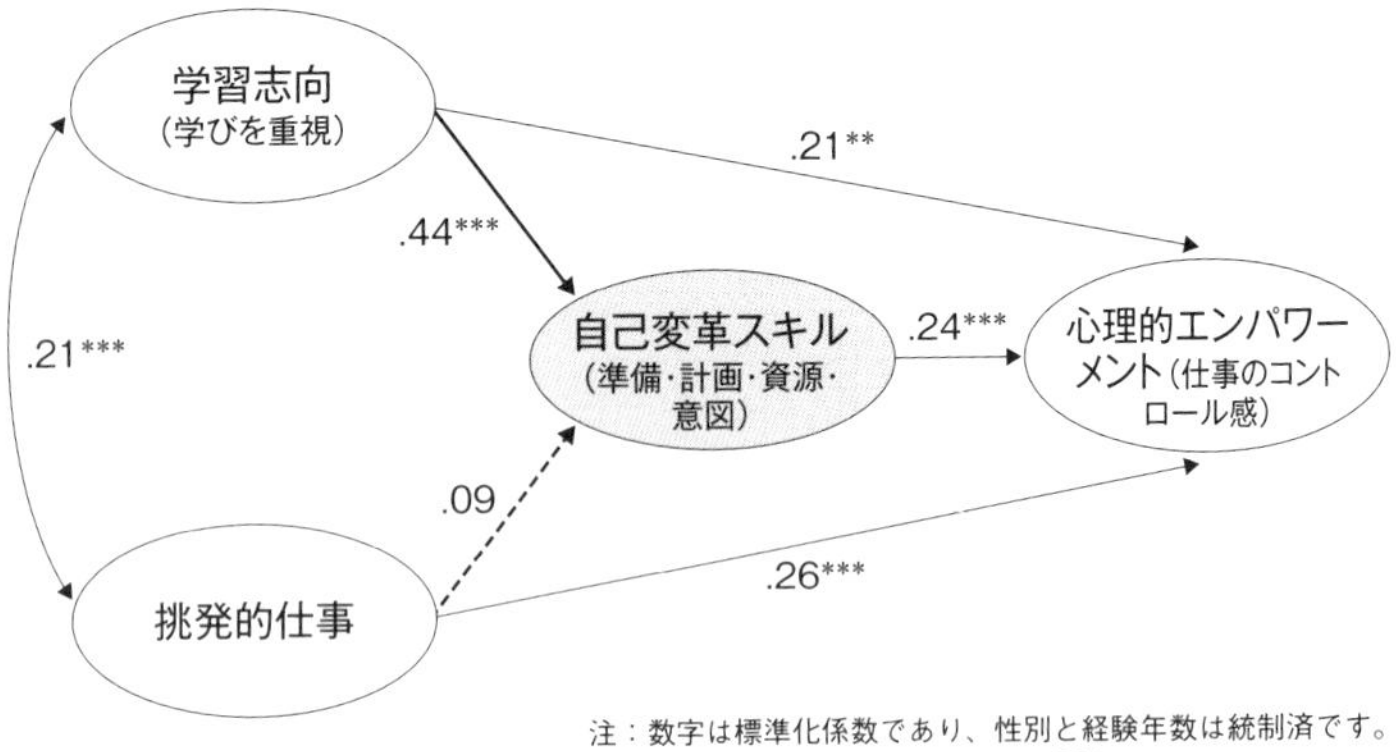

注：数字は標準化係数であり、性別と経験年数は統制済です。
$*p<.05$、$**p<.01$、$***p<.001$

資料C　5章における調査方法と分析結果

○調査対象

調査対象は、製薬会社の従業員115名です（23チーム）。このうち、営業部門で働く社員が59・7％であり、その他はスタッフ部門（人事、顧客サービス、購買、品質評価に関する部門）に勤務しています。回答者の79・8％は男性であり、年齢は、20代6・2％、30代17・1％、40代28・7％、50代以上48・0％、職位はスタッフレベル20・9％、主任・係長レベル33・3％、課長レベル31・0％、その他14・8％です。

○測定尺度

探索的活動

所属する職場の上司（課長）は、以下の特徴を持つような活動にどの程度従事していますか？

（⑤全くその通り　④その通り　③どちらともいえない　②違う　①全く違う）

- 製品、サービス、業務プロセス、市場について、新しい可能性を調べている
- 製品、サービス、業務プロセス、市場について、多様な選択肢を評価している
- 製品、サービス、業務プロセスを大幅に変更しようとしている
- 新しい状況に適応しなければならない活動に関わっている

・新しい知識やスキルを学ばなくてはならない活動に関わっている

（出所）Mom et al.（2007）[97]

学習志向

あなたの仕事に対する考え方についてお伺いします。

（⑤全くその通り　④その通り　③どちらともいえない　②違う　①全く違う）

・新しいスキルや知識を獲得する機会を求めている
・新しい事を教えてくれる挑戦的で難しい仕事が好きだ
・役立つことを見つけるために、新しいアイデアを試している
・多くのスキルや能力が必要となる仕事が好きだ
・学んだりスキルを高めることを重視している

（出所）チームレベルの学習志向を測定したBunderson and Sutcliffe（2003）[13]の項目を個人レベルの学習志向に修正しました。

内省

目標・内省モデルの調査で用いた測定尺度を使用しました（180ページ）。

アンラーニング

目標・内省モデルの調査で用いた測定尺度を使用しました（181ページ）。

○分析結果（上司の影響モデル）

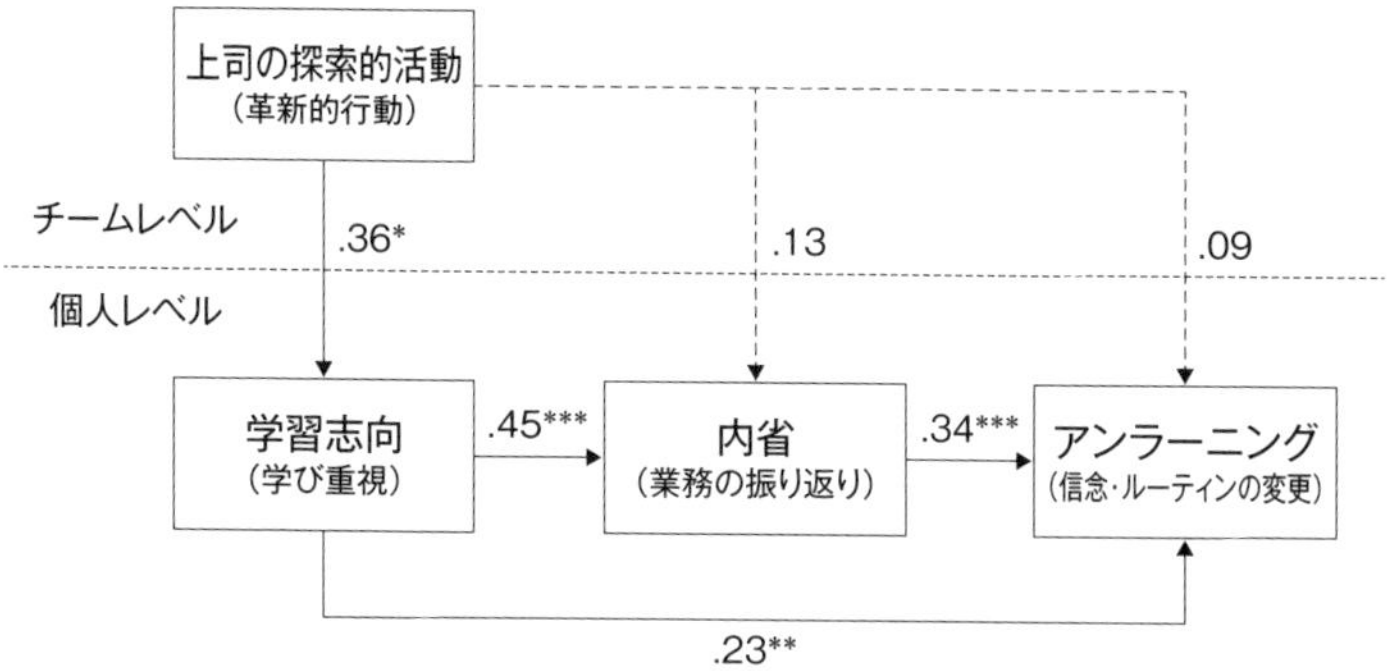

注：マルチレベル分析の結果。数字は標準化係数であり、チームサイズ、性別、年齢、職務タイプは統制済です。
$*p<.05$、$**p<.01$、$***p<.001$

資料D　6章の調査方法

本調査は、将来の経営者を養成するための部長研修の一貫として実施されました。この研修の参加者は、経営者候補である部長もしくは役員ですが、プログラムの中で、自分のロールモデルになりうる事業統括役員にインタビューし、その内容をレポートにまとめるよう求められました。そして、提出された調査レポートを筆者がグラウンデッド・セオリー・アプローチを用いて分析しました。

対象企業46社のうち、製造業56・5％、非製造業43・5％であり、従業員数は、10000名以上が46・8％、1000～10000名未満が44・5％、1000名未満が8・7％です。対象者は全員男性であり、年齢は50～54歳21・7％、55～59歳52・1％、60歳以上26・2％となっています。

【アンラーニング経験の振り返りシート】 最近数年間で、あなたが働き方を変えたときのことを思い出してください。どのような形で働き方を変えましたか？「以前の働き方」と「新しい働き方」を記入してください。

	以前の働き方 ➡	新しい働き方 （どのようなアンラーニングをしましたか？）
仕事の信念・方針・考え方		
仕事のスキルや進め方 （例）仕事の手続き、意思決定や情報収集の方法、対人スキル、分析スキル、専門知識等（すべて書く必要はありません）		

【アンラーニング計画シート】 あなたの現在の働き方を「仕事の信念・方針・考え方」と「仕事のスキルや進め方」の観点から記入し、「今後も維持すべきこと」と「変更（アンラーニング）すべきこと」について考えてください。

		現在の働き方 ➡	維持すること 変更すること （アンラーニングすること）
仕事の信念・方針・考え方	維持		
	変更		
仕事のスキルや進め方 （例）仕事の手続き、意思決定や情報収集の方法、対人スキル、分析スキル、専門知識等（すべて書く必要はありません）	維持		
	変更		

【他者からの学びシート】 あなたの周囲にいる優れた人を思い浮かべてください。その人たちから取り入れたい働き方を「仕事の信念・方針・考え方」と「仕事のスキルや進め方」に分けた上で記入してください。

「あなたの周囲にいる優れた人」から「取り入れたい」働き方			
優れた人			
仕事の信念・方針・考え方			
仕事のスキルや進め方 (例)仕事の手続き、意思決定や情報収集の方法、対人スキル、分析スキル、専門知識等(すべて書く必要はありません)			

【著者紹介】

松尾　睦（まつお・まこと）

北海道大学大学院経済学研究院教授。

1988年小樽商科大学商学部卒業。1992年北海道大学大学院文学研究科（行動科学専攻）修士課程修了。1999年東京工業大学大学院社会理工学研究科（人間行動システム専攻）博士課程修了。博士（学術）。2004年英国Lancaster大学からPh.D.（Management Learning）を取得。塩野義製薬、東急総合研究所、岡山商科大学商学部助教授、小樽商科大学大学院商学研究科教授、神戸大学大学院経営学研究科教授などを経て、2013年より現職。

主な著書に、『経験からの学習』（同文舘出版、2006）、『学習する病院組織』（同文舘出版、2009）、『経験学習入門』（ダイヤモンド社、2011、HRアワード書籍部門・最優秀賞）、『成長する管理職』（東洋経済新報社、2013）、『経験学習リーダーシップ』（ダイヤモンド社、2019）、*The Role of Internal Competition in Knowledge Creation*（Peter Lang）など。

論文では、日本社会心理学会・着想独創賞（1995年度）、*European Journal of Marketing*最優秀論文賞（2002年度）、*Journal of Workplace Learning*最優秀論文賞（2018年）を受賞。

2021年6月15日　初版発行　　　　略称：アンラーニング

仕事のアンラーニング
―働き方を学びほぐす―

著　者　　松　尾　　睦
発行者　　中　島　治　久

発行所　**同文舘出版株式会社**
東京都千代田区神田神保町1-41　〒101-0051
営業（03）3294-1801　編集（03）3294-1803
振替 00100-8-42935　http://www.dobunkan.co.jp

製版　一企画
印刷・製本　三美印刷
装丁　山田絵理花
表紙装画・本文イラスト　松尾希代子

ISBN978-4-495-39047-1